曾仕强 国学智慧系列

人性管理

十周年纪念版

曾仕强 著

四川人民出版社

图书在版编目（CIP）数据

人性管理：十周年纪念版/曾仕强著.—成都：四川人民出版社，
2019.3（2021.11重印）

ISBN 978-7-220-11194-5

Ⅰ.①人… Ⅱ.①曾… Ⅲ.①管理学—研究—中国 Ⅳ.①C93

中国版本图书馆CIP数据核字（2019）第020304号

RENXING GUANLI：SHI ZHOUNIAN JINIAN BAN

人性管理：十周年纪念版
曾仕强 著

责任编辑	冯 珺
特约编辑	何英娇
封面设计	新艺书文化
版式设计	新艺书文化
责任校对	刘姣娇
责任印制	张 辉
出版发行	四川人民出版社（成都槐树街2号）
网　　址	http://www.sepph.com
E-mail	scrmebs@sina.com
新浪微博	@四川人民出版社
微信公众号	四川人民出版社
发行部业务电话	（028）86259624　86259453
防盗版举报电话	（028）86259624
照　　排	徐 慧
印　　刷	北京雁林吉兆印刷有限公司
成品尺寸	160mm×230mm
印　　张	18.5
字　　数	199千字
版　　次	2019年3月第1版
印　　次	2021年11月第2次印刷
书　　号	ISBN 978-7-220-11194-5
定　　价	68.00元

■版权所有·侵权必究

本书若出现印装质量问题，请与我社发行部联系调换
电话：（028）86259453

目录

序 /001

||第一章||
洞察人性管理的奥秘

中国式管理即人性管理 /003

管理的原则：以人为本 /005

一切皆变，唯有人性不变 /006

人性不喜欢被管 /008

人性管理：管事加理人 /012

‖第二章‖
人性管理的重要原则：外圆内方

理：看得起，有面子 /017

要理人管事 /018

做事要圆通 /021

圆通不是圆滑 /022

外圆内方真君子 /026

‖第三章‖
外圆内方的要义

"方"：方针、准则 /031

"圆"：变通、涵养 /033

方形是"经"，圆形是"权" /035

有所变，有所不变 /036

循则而变 /037

合理变通 /039

‖第四章‖
做人、做事六原则

守本分，做好本职工作 /045

守规矩，按制度办事 /046

守时限，提前完成才有可能 /047

守承诺，一诺千金 /049

重改善，精益求精 /051

重方法，正确有效是唯一的衡量标准 /053

第五章
建立合乎人性的制度

管理制度化 /057

自觉遵守合理的制度 /058

由下而上定制度最有效 /061

领导有最终决定权 /061

上下多交流，彼此多尊重 /062

好制度关键在执行 /066

凡事合理合法 /067

第六章
处理问题的基本思路

遇事首先讲情 /071

要用情和行动去化解 /073

依法处理有前提 /075

处理问题人性化 /076

得到面子要格外讲理 /077

执行制度要有软件配合 /078

第七章
处理问题要谋定而后动

思考的方式和处理问题的方式相反 /085

做事要合法 /086

遇事要变通 /088

不能变通，要求得理解 /090

合理合法，还要考虑可能产生的后遗症 /093

第八章
做好上级交办的事情

与上级交往的第一条：不能拍马屁 /097

上级交办的事情要接受 /099

难以领命的事情不能做，也不能说 /102

研究实际情况，有问题提出来试试看 /103

有问题请上级拿主意 /104

察言观色，心中有数 /105

|| 目录 ||

|| 第九章 ||
部属工作做不好领导有责任

指派工作是考验上级的能力 /109

适当分派工作，还要跟踪指导 /110

老板和员工要好聚好散 /112

部属工作做不好："不能"？"不为"？ /114

"不为"的原因 /115

安抚好能干、耍大牌的部属 /116

|| 第十章 ||
正确处理部属越级报告

越级报告为非常态，不是常态 /121

处理越级报告的是与非 /122

认真倾听，但不必亲自处理 /124

静观其变，无为而治 /124

认真与部属沟通 /126

各居其位，各自修炼，各安其所 /128

第十一章
上级越级指示部属要回应

上下够不着，中间最难受 /133

不抗议，不询问 /134

自行承接越级指示须自行负责 /136

教训与宽容并举 /137

老板做事要留有余地 /139

承接越级指示要慎重 /141

对待平行同事的越位指示要留心 /142

第十二章
向上级报告应择时机

尊重领导 /147

带着方案去请示 /148

报告要分三段讲 /150

发生分歧要调整 /151

报告要择时、择机，点到为止 /153

第十三章
少向部属作指示

少作指示，要借用别人的智慧 /159

提出问题，让部属制定方案 /161

集众人之智 /162

把指示放在腹中 /164

让部属多动脑筋找出最佳方案 /164

中层干部要学会承上启下 /165

保持紧急时发号施令的权力 /168

‖第十四章‖
善待平行同事

平行同事一般大 /173

将心比心，互相体谅 /174

同级之间要照顾 /176

要保证跟你打交道不会吃亏 /178

同事之间要善待 /180

竞争：你看有则有，你看无则无 /181

‖第十五章‖
指派新任务要量才适用

企业不断增加新任务 /185

让下级心甘情愿地接受新任务 /187

用简化、合并、重组的方法调整原有工作 /190

指派新工作要量才适用 /192

指派新任务由主管控制 /193

适当少派好差事给不接受指派者 /193

第十六章
实施走动式管理确保如期完成任务

如期完成任务 /197

不要等到最后才发现不能兑现 /198

要及早想办法解决进度问题 /200

因人而异，一切都在控制之中 /201

要有补救方案才妥当 /204

绝不能降低质量 /206

第十七章
如何处理部属的错误

预防为先 /209

派人实地检查部属的工作 /210

指出部属错误要有策略 /211

初犯不罚，再犯不赦 /214

重在教育过程 /215

管理干部重在做人，教育员工要诚心诚意 /217

第十八章
做事是否合理的判断准则

人性喜欢合理，但合理与否很难讲 /221

做事先定位，位置不同则道理不同 /223

时也，命也；势可以造，时只能等 /224

合理是"中"，不合理是"不中" /225

做事合理与否看看反应就知道 /225

灵活运用合理的标准 /226

干部没有权力批评老板 /228

第十九章
人性管理的"六字要诀"

做事情、做学问都要"摸着石头过河" /233

做任何事以"两难"为起点 /234

身处"两难"，要会"兼顾" /235

"兼顾"不了，求"合理" /237

遇事三思而后行 /238

第三种处境也许是最好的解决方案 /242

第二十章
实施人性管理的目的

降低成本的有效方法 /247

让大家乐于工作，发挥潜力 /248

大家合作协同，组织才有力量 /249

管理也要"与时俱进" /251

尊重员工的尊严 /252

人性管理适用于各种管理模式 /253

中国文化理应作为企业的主流文化 /254

第二十一章
实施人性管理的方法

21世纪是中国的世纪 /259

不要讲"人力资源管理" /259

不要存心去管人 /261

不要忽略人的情绪 /261

不要讨论人性的善恶，人富有可塑性 /262

不要开口闭口就讲法 /263

有成绩时要感谢上司给了你机会 /264

附录　曾仕强教授做客《名家论坛》对话"人性管理" /267

序 Foreword

我们常常听见有些领导抱怨：中国人真难管！

我们的回应则是，谁叫您管中国人？

人性的尊严在哪里？就在于自己可以当家做主。如果事事要人管，还有什么尊严可言？这就好比男人明明知道结婚之后会十分辛苦，但是为了"家长"这个虚名，也只好"勉为其难"。如果连"家长"的虚名都没有，当然就有很多男人根本不想结婚。把男人称为"当家的"，只不过是满足男人的虚荣心罢了，却显出女人的智慧——确实深藏不露。女人们把傻乎乎却装得很聪明的男人摆布得服服帖帖——充分利用了人性的弱点。

领导管部属，触犯了部属不喜欢被管的人性弱点；而即便部属觉得丧失了尊严，也不敢明目张胆地有所抗拒。在这个时候，部属表面上顺从，暗地里却在想尽办法，要把领导活活地"气死"。当今社会的领导，大部分是被部属"气死"的，这便是不重视人性管理结出的恶果。虽然是自作自受，却也令人伤感。

那么，既然人不喜欢被管，岂不就是无从管理？

其实不然。因为"管理"一共两个字，一个是"管"，一个是"理"。作为管理者，你既不能"不管"，也不能"不理"。可是，管他、理他，他会反过来气你；不管他、不理他，他更觉得没有面子，照样想尽办法把你"气死"。那么领导者该如何管理部属呢？答案是，尊重人性，多管事，少管人；多理他，少去管他。

什么叫作"理"？"理"就是"敬"。我们常说"敬人者，人恒敬之"，用现代语言来说，就是"尊重他人的人，同样也会获得他人的敬重"。再用通俗一点的话来讲，那就是"你看得起别人，别人也会看得起你"。

领导看得起部属，部属要更加用心地把工作做好。这是人性管理的要领，实在简明有效。

中国人爱面子，最怕被别人看不起。但要有面子、希望别人看得起自己，最好的办法，即在于自觉、自反和自律。

首先是自觉。自觉什么？就是自己要领悟到，不喜欢被管是有条件的：必须先把自己管好，才有资格要求别人少管自己。管不好自己，别人是一定要来管的，否则谁都不管，岂不是天下大乱？可见，管理的起点，在于先把自己管好，这叫作"修身"。

其次是自反。要修治自己，必须时常自反，要好好地反省、检讨自己：有哪些过失？如何改善才能够得以提升自我、令人敬重？自己反省，才不致被领导或他人指责，当然有面子；自己不知道检点，却又不受管，那就是蛮横无理，结果势必引起大家的反感，自己会更加没有面子。

最后是自律。自反的结果，必须表现在自己的行为、态度上面，这样大家才看得到，也才敢相信我们。所以，管好自己的言行举止，也就是要表现出高度的自律，这样才能成为人性管理的良好基础。

另外，只有人人自律，才可能以人为本。我们必须随时合理地调整自己的言行，密切配合社会整体的需要，做到与时俱进——大家都互相敬重，彼此看得起，自然和谐愉快，社会也才能成为名副其实的和谐社会。

人性管理要从家庭做起，进而推广到企业、团体、社会，无处不可用，无人不欢迎。大家不妨试试看，相信大家对这种方法的运用会越来越熟练，而管理工作也会越来越有效。

曾仕强

序于台北市明道阁

第一章
洞察人性管理的奥秘

人性管理是中国式管理的重要组成部分，也可以说是核心部分。那么，什么是中国式管理？

所谓"中国式管理"，说到底，就是中国的管理哲学，即以人为本的人性管理。

科学是没有国界的，因而从管理科学的角度来看，无所谓中国式管理，当然也就无所谓美国式、日本式管理。哲学则不同，因为各地具有不同的风土人情，管理必须与当地的风土人情结合在一起才能增强效果。所以，各地区的管理哲学不同。从管理哲学的角度来考虑，谁也不会否定中国式管理哲学的真实性。中国式管理不过是中国式管理哲学中的一种，并由此发展出一套不同于西方的管理科学。

中国式管理即人性管理

什么是中国式管理

提到人性管理,我们必须先概要地介绍一下中国式管理。

人们对"中"这个字一直都有误解,说"它是地球的中央",或者"不偏不倚",其实不然。我认为,"中"就是合理。什么叫作"中庸之道"?就是合理化主义。所谓"管理",就是你管得合理,对方就接受;你管得不合理,不管你是谁,也不管你用什么方法,都没有用。

所以,作为一个中国人,一定要了解什么叫作中国。中国,就是任何事情都讲究合理的国家;而且要做到没有一件事情不合理,才有资格称自己是中国人。

就管理而言,每个时代都有它的主流,19世纪英国式管理绝对是主流,20世纪学美国式管理一点也没有错,而21世纪中国式管理是世界的主流。

为什么要了解中国式管理

对于中国的管理者和广大的读者来说,懂得中国式管理有什么样的好处呢？

现在国内有一种奇怪的现象——我们并不了解自己。以前的中国人只了解自己，不了解世界，所以很吃亏；现在的中国人，了解世界，却不去了解自己，所以也吃亏。

我们要做既了解自己、也了解世界的人，这样我们就会知道怎样去操控局面，这对我们每个人都非常有利。

很多人都在做中国式管理，也都接受着中国式管理，只是没有讲出来罢了。原因有两个：第一，觉得很丢脸；第二，感觉不成系统，说不出个所以然来。又是为什么呢？

因为两千多年以来，我们已经按照中国式管理做下来了，可是近百年来却一直在否定它——我们一直在否定自己。当领导的，向部属交代完一件事情，一定要再交代一句："不要说是我说的。"外国人则不然，是自己说的就从不否认。所以，外国人总觉得我们鬼鬼祟祟、心术不正。其实，是他们不了解中国，不了解中国人。

有人会问，中国人这样做合理吗？我认为是非常合理的。因为尽管领导说了"不要说是我说的"，部属还是要说出去的。但是，说出去是部属的责任，不是领导的责任。领导可以这样说，但部属不能照样讲出去。这涉及深层次的东西，与中国特有的文化相关。

管理不只是工具，也不只是方法，更是文化。中国文化源于《易经》、太极思想，阴阳变化在中国人的头脑中根深蒂固，也渗透在管理哲学中。

每个国家都有一些适合自己的管理方式。对中国人来说，完全没有必要为自己的方式而感到羞愧。我们可以非常大胆而且坦然地运用我们的这套学说。当充分了解了为什么要这样做的时候，我们就会很坦然了。

同样地，现在全世界的人都在探讨中国式管理，因为如果不了解中国，就无法进军中国市场，而这么大的一个市场就被漏掉了——未来世界，他们是看准了中国的。

概括地说，以中国的管理哲学来妥善运用现代管理科学，就是中国式管理，它的目的只有一个，就是要用得有效。

管理的原则：以人为本

其实，中国式管理用比较简单、概括的六个字就可以完全涵盖了。是哪六个字呢？稍后再讲。现在，我们必须先把思路整理出来，就像盖房子一样，先打好地基，归纳、概括后就会非常简单明了，但是却像孙悟空一样有七十二变。

我认为，要了解中国式管理，必须首先了解中国人，一定要记住四个字：以人为本。何谓以人为本？

在中国的传统思想中，一个人活着，只要修养好且不伤害他人，这个人就有价值，这就是"上天有好生之德"。现在有很多人盲目地接受西方的观念，不再以道德的标准衡量人，而是"一切向钱看"，致使整个社会的价值标准都发生了扭曲。赚了钱就了不起，人就有价值；没赚钱就没用，人就没有价值。这是不对的。

有的领导总是抱怨自己的员工不好："就是他们妨碍了企业的发展。"老实讲，员工是你请来的，他不好，你不要他就可以了，但是你为什么请他来却又说他不好呢？

员工不好，往往是领导带坏的。所以，当有人跟我讲员工不行时，我第一个问题就是："那你干吗要把他招进企业里来？当初是经过甄选，你认可他才让他进来的。他本来很行，跟了你变得不行了，那是谁的错？是你的错，是你把人家带得不行了。为什么这个人跟着你就不行，跟着另外一个人就行呢？"

那么，领导应该怎样带人？怎样管理人呢？

其实很简单，就是一句话：不要管他。有人会说，那怎么行？这样做又是为什么呢？人性管理，管与理不同。管是管，人性不喜欢被管；理是理，人性喜欢被尊重。"敬人者，人恒敬之"，把管做到理，你就成功了。

一切皆变，唯有人性不变

人性的特点

谈管理是需要一定背景的，管理不是要管人，而是要管事、管物、管人以外的资源。所以，把人纳入管理的范畴，就相当于把人当成了物。在西方的人力资源观念中，人被当作人力资源去利用、去处理，视人犹物，严重地违反了人性。而人性的特点是，第一要创造，第二要自主——不接受他人的摆布。

很多老板向我抱怨说："中国人很难管啊！"我给出的答案只有一个："谁叫您管他！"

要了解一个人，必须看他讲话，一个人讲什么话，就代表他心里在想什么，这叫作"言为心声"。"不要你管""你干吗管我""你凭什么管我",这是我们常常讲的话。还有更有趣的:"凭他那种德行也想管我吗?"即便有的时候嘴上不这样说,但是心里却在这样说。

管理与德行有什么关系吗?

全世界大概只有中国的管理与德行是有关系的,"凭他那种德行也想管我吗?"其言外之意就是,你首先要管好自己才能管我!中国人十分重视德行,认为只有品德优秀的人才有资格管理他人。

我一直在研究中国人,还没有听到哪一个中国人说:"赶快来管我,赶快来管我。"所以,从根本上追究,人性对管理有一种先天的排斥。

中、美、日三国的比较

美国人很简单:"我给你多少钱,你听我的话。"

日本人很容忍,只要"比比谁比较大":"我比你年资高,你听我的;你比我年资高,我听你的。"这种尊重前辈的精神,成为他们的行动准则。

中国人就比较复杂,你说"我年资比你高",有人就会说"公司就是被你害死的";你说"我的能力比你强",他又会说"老板给你工作机会,却不给我,给我做,我做得比你好"。

美国人会问你:"领多少钱?"大多数中国人不会问,即便问,你也不会告诉他。

美国人:"你领多少钱,不要告诉别人。"

中国人:"我告诉别人干吗?"(但是,他告诉别人了,所有人都知道了。）

美国人很生气："我叫你不要告诉别人，你为什么还要告诉别人？"

中国人："没有，哪里有？"

美国人："你没有告诉别人，别人怎么知道？"

中国人更厉害："这个我就不知道了。他怎么知道的我怎么知道？我怎么知道他是怎么知道的？"

最后的结果是：只有外国人不知道，中国人都知道了。这是由于中国人的思维非常特别，我们讲"不"就是"要"；我们讲"不管"就是"要管"；说"没有意见"，就是"意见很多"。

假如人家给你钱，西方人会说："噢，我最喜欢这个！"再比如送西方人礼物，他会说："啊！我好喜欢！"然后当众打开。而中国人如果说"我最喜欢这个"，或者当众打开礼物，就失衡了。

人性不喜欢被管

中国人的"是"与"非"

中国人的头脑里是《易经》，是太极思想；中国人的文化渊源是《易经》，是阴阳变化。太极图代表"圆满"，从根本上是一个整体，在同一整体内产生"是""非"两种相异的现象。我们说"要"，含有"不要"的成分，是"此一是非，彼亦一是非"。

"你明天要去开会吗？"被问的人先要看看旁边有没有其他的人，如果有其他人，他一定讲"不一定"，因为他怕得罪人。还有另一种情形："你明天要去吗？""我去。"结果他却没有去。这也是常有的事。

讲"是",含有"否"的成分;讲"否",含有"是"的成分。中国人就是这样,阴中有阳,阳中有阴。

如果是中国人跟外国人谈判、讨价还价呢?外国人盘算完说:"不行,这样我会亏本。"他这是在拒绝,心口一致。中国人会推算一番:"不可能啊,这样我会亏本啊!"然后好像很大方,"这样,卖给你算了,统统卖给你了。"

如果不了解中国人的人性,怎么跟中国人打交道呢?管理也是这样,怎么可以不管呢?但是你应该讲不管。你说"不管",他就会让你管;说"我要管你",他就不让你管了。

新官上任,先要说保持人事稳定。结果,不到三个月就把所有与自己管理理念不合的人都慢慢地换掉了。这样,既没有造成人人自危的混乱,又让自己安心了。如果一上任就说"我要换人",他就必须应对各种情况,直到自己不堪重负。

如何管中国人

大家都不喜欢被管,但是作为领导来说,管还是必须要做的。那么,应该怎么去管?

这就是我为什么一直强调"不管"的道理。为什么只能讲"不管"?因为领导不可能不管,员工不让领导管,领导会管得少一点儿,就比较合理;如果员工让领导管,领导就一直管下去,管到最后领导"完"了——因为中国人不喜欢被管。

中国人的"不受管",含有"受管"的成分,关键在于"需要"——需要时要你管,不需要时又不要你管,这才是中国人不受管的真相。工作做得顺利时，他最讨厌别人管；一旦遭遇困难，特别是走投无路的时候，他就会大声喊叫："为什么你不管我？！"贤明的领导，应该在这种时候再来管他——在他需要时管他。

人性喜欢理，喜欢被看得起

也许会有人问：如果我是一名员工，领导总不管我，那是不是很危险啊？当然不会。我们不是怕人家不管，而是怕人家不理。我们经常听到有的员工说："你干吗不理我？""你凭什么管我？"说明"管"和"理"这两个字的含义是不一样的——当慢慢把管做到理，你就成功了，因为理的层次比管的层次高得多。

理，就是看得起：你看得起他，他就看得起你；你看不起他，他照样也看不起你，不管你是谁。中国人看人，完全是看对方对自己怎么样：你对我笑，我没有理由不对你笑；你对我板脸，我的脸也不会比你的好看。

西方人讨论 X 理论、Y 理论，讨论得不亦乐乎，中国人不是这样。在他们看来，X 理论相当于性恶论，Y 理论相当于性善论。其实，人既没有那么好，也没有那么坏；人性不善，也不恶，而是可善可恶。

这样一来，大家就会明白为什么会有如下情形：说对了，中国的老板打你三十大板；说错了，照样打三十大板。什么时候把这个搞懂，你就了解了中国人的哲学。因为中国人是变动的，是不固定的。你对、对、对，就变成了错；你错、错、错，就变成了对。因为阴会变成阳，阳也会变成阴。

我有一次问一位老板："那个人讲错话，你骂他我能理解，因为他讲错了；另外一个人讲得对，你干吗骂他？"

老板说："他让我没有面子。他讲得越对，我越没有面子，我不骂他还得了?！""他错，我是骂他错；他对，我是骂他搞得我没有面子，再对也没有用！"

这就是老板骂部属的道理。也就是说，这个部属讲得虽然对，却是在不对的时间、不对的地点讲的，所以他是错的。

因此，要把管做到理，先要清楚中国人人性的特点。就像上面的例子一样，不仅说的话本身要对，而且要在合适的地方、合适的场合讲。你说得老板有面子，他就会承认你对；你说得他没有面子，再对也没有用。

作为中国人的领导，最基本的训练就是要看得起所有的人。老板看得起干部，就带得动他；干部看得起员工，就带得起他。

而道理又是变动的，因为不是阴消阳长，就是阳消阴长。

一个会当老板的人，在部属面前赞美干部，然后马上又把干部叫到办公室里面训斥，为的是"平衡"。这位老板有自己的一套道理：一旦赞美他以后，他就会以为自己真的很行，就容易在阴沟里翻船，这是老板害的；然而，他总得不到赞美，就会有挫折感。

我们也是这样，有时候很守规矩，有时候并不守规矩；有时候讲话很有信用，有时候讲话却没有信用。一切都是摇摆不定的。作为领导就是要找到这个"跷跷板"的合理点——要随时随地找到合理点。

人性管理：管事加理人

有人才有事，事在人为

事情都是通过人来完成的。所以，人性管理的重点在于人，只要把人理好了，事情自然就做好了。如果存心不管，这个领导就是不负责任的领导。如果存心要管，就开始整人，这也是不对的。

一个好的领导是这样的（如图1-1所示）：只要你做得好，我为什么要管你？我不需要管你。你做得不好，我也不会管你，但是我会提示你，提示不通再提示，实在提示不通，我才会训斥你。这才是中国人，这才是中国式的人性管理。

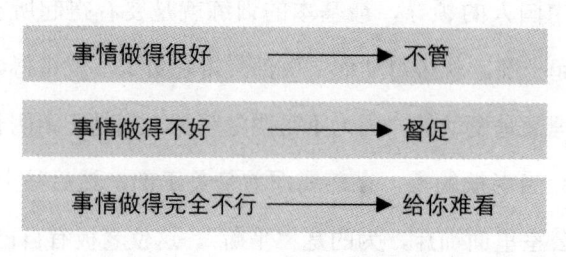

事情做得很好	→	不管
事情做得不好	→	督促
事情做得完全不行	→	给你难看

图1-1 人性管理的最佳方式

中国人对不同的人采取不同的措施，但是嘴巴上一定要讲一视同仁，这是必然的。有人会问：这不是相当程度的心口不一吗？这不是说一套、做一套吗？当然不是。

把管做到理，成功可待

《论语》里有一句话，叫作"君子务本，本立而道生"。意思是说，君子做人讲求先确立基础的东西，基础的东西确定了，才会有道的存在。

管理也是如此。比如，我会跟不同的人讲"随便"。"随便"就是我所提倡的管理之"本"（不过，并非唯一的"本"）。只是，对于不同的人来说，他们需要确定的"本"并不相同。对于有的人来说，"随便"就是我真的让他"比较随便"；对有的人来说，"随便"就是"你不能随便"；而对有的人来说，"随便"就是"随便得差不多就可以了"。

所以，为什么要去领略、去体会中国人？就是在中国人讲话的时候你要学会听，要学会转折。也就是说，听话要听音，转折要合理。打个比方，如果有人现在叫你去死，你一定知道不能去死，这就非常有学问；但是如果听不懂、不理解，你就危险了。

我建议，学过西方管理的人士，平心静气地学学中国式管理，其结果必是百尺竿头，更进一步，将现代化管理运用得有声有色；不谈西方管理科学，先看中国式管理，也必然对现况的演变与未来的变化更为一目了然，对于掌握未来、安身立命，有很大的助益。21世纪是中国管理哲学与西方管理科学相结合并获得发扬的世纪，两者缺一都将寸步难行。

第二章

人性管理的重要原则：外圆内方

提到中国式管理，实际上我们都是在讲人，这是中国式管理当中一个非常重要的原则——人性管理。人性管理中一个非常重要的原则是只理不管。管与理是两个不同的概念，更是两个不同的层次。

理：看得起，有面子

什么叫作"只理不管"

　　管理，一个是管，一个是理，两者层次不一。相比较而言，会管的人经验不够，方法不足；会理的人比较老到，比较有内涵。管理者要理，但不要管；管理者可以管事，不可以管人。

　　因为中国人的文化是天大、地大，人也大，怎么能管呢？你管他，他嘴巴上说"好""是"，但他心里就是不服。在他看来，你管他，就表示你比他大，他要听你的，那样一来，他就很没面子。

　　所以，得人心者昌。管理者不要让他人心里不愉快——一个人心里面不愉快，就会觉得没有面子。

　　在欧美各国，面子就是脸，脸就是面子，二者都是face，没有差别。在中国，面子和脸的关系比较复杂。很多时候，脸是脸，面子是面子。但也有时候，二者含义相近。比如，不要脸和不要面子。一个中国人要是不要脸了，那就糟糕了——不要脸就是不讲理；不要面子，就更糟糕。在不少中国人看来，要面子要到不要脸的地步是对的，这是要面子要到了极致。

其实，一个人一定要讲理，不讲理就是不要脸，不要脸的人，我们就不能用"只理不管"的方法来对待他了。

面子是情，脸是理

中国人爱面子，从好的方面解释，是重视荣誉的表现，没什么不好。因为管理上的若干措施之所以能够收到相当的效果，关键在于使人有荣誉感。

从坏的方面解释，则是爱慕虚荣的表现，严重时，往往导致"爱面子爱到不要脸的地步"，那就本末倒置了。换句话说，爱面子爱到不丢脸的程度就合理；爱面子爱到合理的界限，才是合情合理的。

我们面对的是要面子的人，你值得我们给你面子，我们就会给你面子。我们做事情没有目的的情况很少，我们给你面子我们是有目的的：你好好给我们干，这样我们理你才有意思；我们给你面子，你不好好干，我们就翻脸了。

要理人管事

掌握好管理的尺度

有人问我，管理者该如何去掌握管理的尺度？怎么能做到又要理他，又要不管他呢？

这个问题问得很好。人要翻脸，但不能翻脸太快。如果一个人翻脸像翻书一样，那所有的人都不理他了。

问询者："你刚才挨老板骂了？"

年轻人："是。"

问询者："他骂你什么了？"

年轻人："我不知道。"

问话的人觉得很奇怪："他骂你那么久，你都不知道他骂你什么？"

年轻人很无奈："我就看到他的嘴巴一直一张一合的，我什么都没听，管他呢。"

骂人是最没有用的，骂人是伤害自己的事情，对别人一点好处都没有。一个会翻脸的人不大会骂人，他只用脸色显示就足够了。人都会翻脸，但还是要提示，提示几次都不行再翻脸，提示过对方，你翻脸的时候，他不会怨你，你就成功了。所以，会带人的人，基本上是用脸色来暗示对方的，他不会用言语去骂对方（如图2-1所示）。

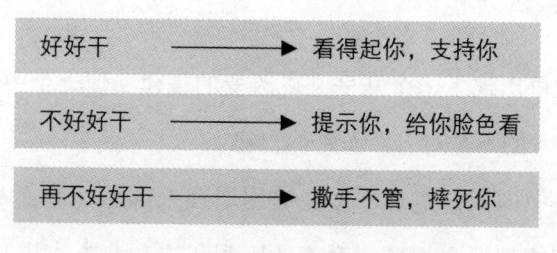

好好干	⟶	看得起你，支持你
不好好干	⟶	提示你，给你脸色看
再不好好干	⟶	撒手不管，摔死你

图2-1 人性管理的"两手"策略

这样做合情合理。因为每个人既不可能完全依赖公司，也不可能完全依赖老板，却又没有办法独立。

了解人性，合情合理

今天的西方管理学说很难完全适合中国，因为它是针对脑筋很一般的西方人的，而中国人的脑筋是很会拐弯的。

西方人看到"此路不通"的告示回头便走。有些中国人看到"此路不通"的告示，脑筋马上拐弯：那是昨天，而不是今天，今天说不定路已经通了。

为什么有时候在中国宣布注意事项没有人听？贴布告没有人看？讲什么都没有用？因为很多人的脑筋会拐弯——就是不相信。多数中国人是站在不相信的立场上来相信的，西方人则是站在相信的立场来不相信的。二者思考的逻辑是相反的。

所以，我们要走中国式的管理道路，否则的话是要吃亏的，而且还没有人同情——多数中国人是不同情那些吃亏的人的。与西方人讲道理，只要你讲得出来，他听进去了，道理就成立了；但是你不能跟有些中国人讲道理，因为他们绝对不会接受你的道理。为什么？因为你讲得越有道理，他们越没有面子，他们就越不能接受。

在这里出现了一个几乎难以改变的规律：使一个中国人没有面子，吃亏的不是对方，而是你自己。

如果中国人讲道理，又能够用道理来沟通，那就太简单了。但是我们的理要会拐弯，对方才听得进去。北方人讲话比较直，不会拐弯，所以北方人就吃亏。在管理这个问题上，道理是一样的。

很多中国人都喜欢说："照直说，不要这样绕来绕去的。"但当你真的这样说了，他们就会跳起来指责你："你怎么可以这样讲？"实际上很多人是受不了这样直截了当的，但是又"很喜欢"听直言，这是由中国人这种矛盾的性格决定的。

所以，我劝你要真正地自我了解一下，这样你就会过得很愉快。

做事要圆通

老板跟员工说了一件事，员工可能不相信，但是他表面上会说"相信"；老板给员工讲道理，员工认为没理，但是他表面上会说"有理"。怎么样去面对这样的情况呢？老板又应该怎么做呢？

我的经验是：不要说话，统统让对方说。

你问任何一个中国人"你讲不讲道理"，他都很生气地回答你："我怎么不讲道理？我哪里不讲道理？"没有任何一个中国人会承认自己不讲道理——在很多人看来，不讲道理就是不要脸。

没有一个中国人是不讲道理的，但是你跟有些人讲道理非常之困难，因为他们听不进去。他们不是不想听，而是根本听不进去。所以，要让他们自己讲，只要一讲，他们自己就沉默了。

有个老板问我："我们公司要不要打卡？"我不会那么笨地告诉他"要"或者"不要"。因为如果我讲"要"，他一定要讲很多反对的理由；我讲"不要"，他也会讲很多反对的理由。所以我说："你看呢？"然后我会提醒他："你觉得打卡有效，我们就打卡；你觉得无效，我们就不打了。"虽然我讲了自己的意见，但是完全跟没有讲一样。

他听懂了："我知道了。"我问他："你知道什么？"他说："我要看看他们接受不接受这一套啊。"本来是他要我讲的话，他自己统统讲出来了。

也许有人会问，既然是他自己想到的，干吗还请你当顾问呢？

这就叫作启发（不是教导），中国人是信赖启发式的。中国人一个比一个聪明，满脑子都是智慧。只是有一点，他在那里犹豫不定的时候，你不能替他作决定，而要去启发他，不然他就不服气。

圆通不是圆滑

我充分理老板们，我从来没有管过他们，他们就很服我。我一管他们，他们就会有种感觉："哎，我们不如你啊？我们不如你，我们就要把你'干掉'。"那样的话，我就倒霉了。

很多人会认为我这样做很圆滑，那又大错特错了。中国人最讨厌的就是圆滑、奸诈、不诚实，喜欢的是圆通。

圆滑与圆通有什么区别？我相信有80%的人都不清楚。圆通与圆滑从表面上看完全一样，都表现为推、拖、拉。中国人讲脸面，面子是情，要脸面得合情合理。事情要做，要做得圆通，但圆通不是圆滑，圆通皆大欢喜，圆滑则使人厌恶。推、拖、拉是解决问题的有效方法，动机和结果是区别圆通与圆滑的试金石。

但是，推、拖、拉能解决问题吗？运用推、拖、拉的方法到最后没有解决问题，就是圆滑；到最后解决问题了，就是圆通。其实，在我看来，推、拖、拉是最好的管理。要存心用推、拖、拉来解决问题，就是圆通；只是想用推、拖、拉来推卸责任，就是圆滑。

一味求快，"死"得更快

推、拖、拉是一种有效的管理方法。那么，怎么用这种管理方法来解决问题呢？

老板有个工作要给甲做。如果直接交给甲，就是在害他，因为别人就不高兴了。别人会想，他算老几？这个工作他做得了吗？甲明明做得了，别人也会想办法让他做不了。有人会想，旁边有比他资历高的，老板为什么不尊重一下？有人会想，有人的资历比他高，老板却当着别人的面把工作给他做，那个资历高的人就完全没有面子了。这些人不敢打击老板，就想办法打击做事的人，就想办法让他做不成。

老板有个工作要给甲做，但是要顾及乙的面子，所以会先给乙："这个请你做好不好？"

乙一定先推："我忙不过来。"

老板："是啊，我也知道你忙不过来，不过没有你做，就是不行。"

乙："那怎么办呢？"

老板不等他讲完，就说："那能不能给甲做？"

就这样，老板让乙拿给甲去做，乙有面子，他们两个合作得很愉快，也达到了老板的目的。

有人会觉得这样做事情复杂多了。其实不复杂，习惯成自然。有些事情不是一快就了事的——一味求快反而会"死"得更快。

人人都要学会推、拖、拉

也许有人会问，如果这件事情要交给一个人做，可是比他资历深的人有很多，要一个一个都去关照吗？

当然不要。其实一件事情有它相关的"链条"，只有几个相关的人,他们在同一个部门,如果你没有看到这一圈人而只看到一个人,其他人就受不了,就开始搞鬼。很多情况下是我们让部属搞鬼,而不是我们的部属故意要搞鬼。也就是说,部属搞鬼是老板的责任,是老板思虑不周所致。

另外,作为部属来说,推、拖、拉也很重要。

明明要给另外一个人做的事,老板先尊重面前这个人一下:"这件事请你帮忙。"对方说"好,我来做",对方就糟糕了,老板也糟糕了。因为这个部属不太清楚老板的本意是什么,所以他不会得到老板的重用。老板会觉得奇怪:他有这个能力吗?他答应得可真快啊!然后老板会想办法逼他,逼到他吃不消了,自然"吐"出来。这叫作自找麻烦。也就是说,人人都要养成一个习惯,人家给你东西你先说"不要"——要看看是不是真的要给你。

总之,站在不要的立场来要,你不会乱要,你会要得合理;站在不说的立场来说,你会说得合理。

你到别人家里去做客,如果人家正在吃饭,一定会招呼你,西方人就会直接过去吃,中国人则是这样:

主人:"哎哎,一起来,一起来。"

客人明明饿得要死,也一定说:"我刚吃饱,不来了。"

主人坚持说:"一起来,一起来。"

客人还要推、拖一下:"我真的刚吃过。"

如果主人一招呼,客人就过去,也许就会有这样的结果:客人会在心里抱怨主人,什么都没有,还招呼我来;主人也会不满意,我是给你面子,想不到你就真的过来了,你这种人我怎么跟你交往呢?这样的话,客人是很难堪的。

所以，我们这样做不是虚伪，而是会为对方着想。

如果主人继续说："不要客气，汤是热的，菜也刚炒出来。"

客人还要讲："我刚吃过。"

主人继续邀请："过来！"

这样一来，再客气就不好了，于是过去，再吃三碗！这才叫会做人。

事实上我们提倡推、拖、拉是有以下几点好处的：

第一，推、拖、拉是给自己观察局势的时间。我们可以利用这段时间来充分思考，不然，连思考的时间都没有——审时度势，然后再作决定，"谋定而后动"，才是正确的做法。

第二，推、拖、拉是要推给最合理的人。我们总是把事情推给别人是错的，总推给自己也是错的。推给别人叫作礼让为先；推来推去，推给自己叫作当仁不让、众望所归。你根本不推，拿来自己做，所有的人都会看着你、盯着你，事情做得好才怪。

第三，推、拖、拉最省力，可以缓解气氛，"以让代争"。推、拖、拉看起来像是让，实际上也是一种争，只不过在形式上斯文一些、缓和一些，对容易情绪化的人来说，是一种保平安的做法。

最终，经过推、拖、拉这么一个过程，工作不但没有受阻，反而会更顺利。

怎样推、拖、拉

怎样推、拖、拉才能既将事情做好，又不让人家说你是在存心耽误事呢？

我认为，很重要的一点是：凡是老板交代你做事情，你先推一下试试看，看他是真的让你做，还只是尊重你。

有时候，第一次行为不一定是真的，但也绝不是假的，第二次还不见得是真的，但第三次一定是真的。所以，经过推、拖、拉，你马上就知道事情的真假了。

看到老板过来，大家马上站起来。

老板说："请坐。"

会做人的人就会说："没关系，我来得及，我工作来得及。"（表示自己站着不耽误工作）

老板说："不要客气，你坐下。"

他会说："我听完你交代再坐。"

老板说："我没有事，你坐下。"

这时候坐下非常保险。一般人不会这一套，吃亏了还一直怨别人。可是，怨别人有什么用？孔子讲得好：不怨天，不尤人，要怪自己。

我们要好心好意，要推给最合理的人，要推到大家都有面子，要推到自己将来好做事，而且能够把事情做好，做得皆大欢喜。这叫作圆通。存心用推、拖、拉来嫁祸别人，存心用推、拖、拉来浪费时间，存心用推、拖、拉来推卸责任，这叫作圆滑。

中国人很重视人们做事的动机，西方人则完全没有什么"动机论"。"运用之妙，存乎一心"，就是这个道理。我们必须谨慎地、用心地用推、拖、拉的方式化解问题、解决问题。

外圆内方真君子

圆通和圆滑还有一个区别：是不是真的有做事的原则。

第二章　人性管理的重要原则：外圆内方

我是一个顾问，是一个到处被人家问的人，但是，有时候我也会去问别人——学问也是要问的啊！

我会去问老板："你这老板当得很好，你是怎么当的？"

老板回答："我真的什么都没有，我就是有原则。"

我再问他的干部："你的老板怎么样？"

干部回答："我的老板什么都好，就是没有原则。"

很多事实证明：干部看老板没有一个是有原则的，而老板没有一个说自己是没有原则的。

很多英国人都跟我说，你们中国人没有原则，你们都是个案处理。但是，我问中国人："你有没有原则？"他会说："除了有原则以外，我还有什么？"

看自己非常有原则，看别人则毫无原则可言——看自己跟看别人运用的是双重标准，看自己就是规规矩矩，看别人都是投机取巧。

其实，所有的中国人做事都有原则：外圆内方。我们要学的是外圆，而不是内方；需要调整的只是外面这个圆，要圆一点儿。

一个人里面方、外面也方，就会常常跟他人格格不入；一个人里面圆、外面也圆，就会完全没有做人的原则，就会被别人看不起。

我们看不起那种没有原则的人，但是更看不起那种刚愎自用的人。为何不圆通一点儿呢？

一个真正了解中国人的人，会跟大家处得非常好，而且没有事情办得不顺利。也就是说，外圆一定要内方，内方一定要外圆。

第三章
外圆内方的要义

外圆内方也是中国人非常注重的一个做人原则，我们把这种原则引入到管理学这个领域。那么，该如何在管理学当中应用它呢？

"方"：方针、准则

做人要有原则

企业一定要有企业文化，否则员工就没有共识。在企业里面，"方"就叫作企业文化。

对领导来讲，"方"，就是有几个基本不能改变的原则。领导一定要有一套原则，不然，让大家猜来猜去猜不着，最后会很乱。

孔子说"三十而立"。我的理解是：一个人不到三十岁不要有原则，因为你的原则很多是错误的。但是这还不够，还要去磨炼、去尝试，从而做到"四十不惑"，就是三十岁时定下的原则，经过十年的实践，觉得很有把握了，从此就不改变了。

所以，一个人不能太早就确定原则，但是也不能够太晚还没有原则，这是非常重要的事情。

什么是原则？就是一些方针、准则，是心中的东西，是不会改变的。

一个社会要有主流文化，要有公约。好比在美国人们用刀叉吃饭，在中国人们用筷子吃饭一样，没有好坏，没有对错，只是各取所需。

民族性没有好坏，不同的民族适应其所在的不同的生态环境所产生的一种生活方式，没有好坏的原则，既不必学也不必改——要各取所需，不要盲目学别人。也就是说，我们应该是在不同地方、不同条件下，采取各自不同的原则。

每个人也都会有自己的原则，因为实际上每一个人都要替自己负责。你有什么原则，它带来的结果你要负责。

做人还要留有余地

我们不可能外方内圆，因为如果这样，"圆"就没有功效了，而且"方"也被人家看出来了。孔子讲"君子可欺以其方"，为什么这些君子老是吃亏、老是上当呢？就是因为君子们太方正了，很容易被人利用。年轻人也一样，总觉得自己很有正义感，结果常常被利用。

我认为，一个人有什么原则，最好不要让别人一眼看穿。这也是中国人跟西方人不同的地方。西方人是我了解你，你了解我；中国人则是我了解你，但是我有些地方不让你了解，这样我才不会被你完全控制。特别是在领导和部属相处之时，领导如果被部属了解的话，就会被架空，就会失去控制力。

所以，做领导的人，一定要有几分保留，每个员工也一定要有几分保留。不能完全了解你的领导，那将对自己非常不利。但是，明明完全了解对方，也要有一部分保留——装作不知道。

历史上最了解唐明皇的人就是高力士。高力士把唐明皇服侍得服服帖帖，但唐明皇并不喜欢。有一天，唐明皇对高力士讲："我所有的事情你都知道，所有的事情都是你安排的，我什么都听你的，我还算皇帝吗？"

举这个例子是想说明，老板不喜欢完全了解他的干部。但是，老板更不喜欢不了解他的干部。中庸之道讲的就是这个道理。你不了解他，他跟你距离很远，工作起来两个人没有默契；你完全了解他，他怕你，因为他怕最后完全被你控制住了。

因此，我们要学会"外圆内方"。把"方"放在我们的肚子里面，自己清楚，外面所表现出来的则是"圆"。一个中国人如果表现出"什么都好、无所谓"，这样也可以、那样也可以，那是他的圆，不是他的"真实"。

"圆"：变通、涵养

我曾经接触过很多非常成功的人，他们都是些圆通、含蓄、有涵养的人。

我们跟某人一起吃饭，其实他是吃纯素的，可是吃了一顿饭下来，没有人知道他要吃纯素——他照样动筷子，照样夹东西，但一口都没吃。可是，几乎没有人发现。

坐在他旁边的我发现了，就问他："你吃素吗？"他说："其实也没有什么。"我马上偷偷地叫厨房给他准备素面，然后端来。他一再对我说："你太客气了，用不着了，我照样吃得很饱。"

我们这样做的结果是大家都非常有面子，这叫作"圆通"。

在我看来，某人很懂得自己和主人、和大家的关系：吃素是个人的事情，任何人都没有理由去强制别人配合自己。

有人问，如果他不说的话，碰到的主人又不像你这么敏感，他不是很吃亏吗？不是会吃不饱吗？

其实吃一次亏又有什么呢？因为主人事后会很内疚，会给他补偿的。

假如这一次主人没有发觉客人什么都没吃，一段时间后他听人家说起某个人是吃素的，他就会想：哎呀，糟糕啊，那天他到我家什么都没吃。于是，主人会觉得亏欠了客人，就会想办法去弥补，客人就会得到更多。

中国人是这样的：会礼让的人永远是占便宜的，爱争的人永远争得的是一个很小、很小的东西。这个原则同样非常适用于员工和老板、员工和员工之间。

员工中太爱争的，有了职位空缺老板也不会考虑他。聪明的人不会自己去争取，他会鼓动别人去争取："该你的了，你熬了那么久，当然是你的。"中国人从小就懂这一道理，但西方人会觉得很奇怪。

爸爸回来了，儿子就要去迎接爸爸。有的小朋友很聪明，一听说爸爸回来了，他会先看一看情况，一看情况不对，赶快回来。如果他有弟弟，有什么话一定要叫弟弟去跟爸爸讲。这不是鬼鬼祟祟，也不是阴险狡诈，而是中国人自有那样一套方法。

一个人有原则要坚持，但是千万记住，这个原则要经过考验、经过实践，不是随随便便确定的。

如果一个人总是不把自己的原则显露出来，会不会被别人认为这个人有点投机取巧，或者被人批评为没有原则呢？作为中国人要有心理准备，不管怎么行得正，背后都有人批评，所以不要太在乎。大家都说你好，你不一定好；大家都说你坏，你一定坏。我们可以让坏的人说我们坏，但是要让好的人说我们好。如果好人、坏人都说我们好，那我们就是完全没有原则的人。

方形是"经",圆形是"权"

外圆内方有一个尺度问题,就是内在的"方"和外在的"圆"要怎么去结合的问题:就是既要掌握原则,又要善于变通。那么,在什么时候掌握原则,又在什么时候变通呢?

这是掌握外圆内方原则真正的关键问题。圆与方的关系有三种情况(具体如图3-1所示):一种是二者之间距离很大;一种是距离很小;还有一种,圆根本就是偏到旁边,这种状态就叫作毫无原则,因为虽然有原则,但是没有跟进,这种情况我们用四个字来形容,叫作"离经叛道"。

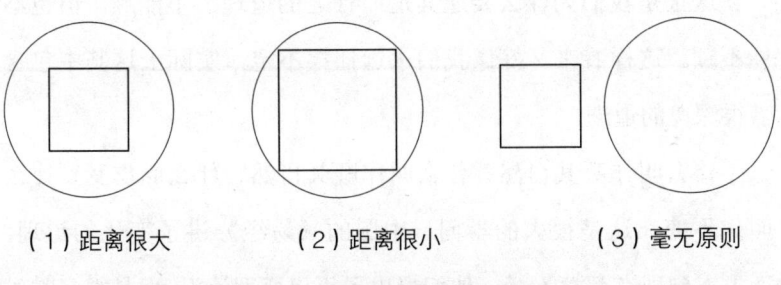

(1)距离很大　　　(2)距离很小　　　(3)毫无原则

图 3-1　圆与方关系的三种情形

中国这个典故是非常好的,方形叫作"经",就是常规、原则的意思,圆形叫作"权",就是权变的意思;中国人有经、有权,有所变、有所不变。

有所变，有所不变

我们现在又碰到一个很大的麻烦，即理论和实践的麻烦。

现在，受西方影响的中国企业界都强调：变是唯一的道路，不变就要死亡。对此，我心存疑虑。

中华民族是最懂得变的民族，但是我要提醒各位：有80%的变是错误的，是不好的。人生不如意事十有八九，我们不可能不变，但是一变往往就出问题。让我们来看一下这些变化规律：人越变越老，事情越变越糟，东西越放越坏……通通没有例外。所以，人做的事情，就是要让本来要变坏的东西不要变坏，让它往好的方向上去变，这是人力所能为的。

这正是我们为什么要逆其道而行之的道理，不能顺，但也不能不顺。这样看来，好像我们永远摇摆不定，实际上这其中包含着很深奥的道理。

什么叫作听其自然？什么叫作顺其自然？什么叫作变？什么叫作不变？这是很大的学问。中国的《易经》讲了变化的道理，西方人到现在都搞不懂，他们提出了"权变理论"，但是很多时候都没有发挥出应有的作用。

我相信很多搞企业、搞管理的人在看过"权变理论"后将其奉为经典。但是也应看到，80%的"创新"泡汤了，可是不创新又是死路一条。经营企业的人总是在说"只要创新就行了"，这样说太绝对了。

例如领带，能怎么变呢？变得像兜肚一样，不像话；瘦得像一根绳子一样，也不像话；太短就看不见了；太长就扎进裤子里去了……所以，领带只能在花色、材料上变，不可能有其他的变化，其可以改变的空间是非常小的。

循则而变

持经达变

现在常常有人讲要"创新"，我认为那都是"鬼话连篇"。我们一定要读读老子的书，老子的道理是：不可不变，不可乱变。所以，我们要研究发展变化，要在20%里面变化，千万不能在80%里面变化。

我们现在学西方的管理理论当然很重要，但是西方人的智慧是有极限的。我们应该站在不变的立场上来变，千万不能站在变的立场上来不变。

大家都有乘电梯的经验。电梯上都有按钮，电梯的按钮应该装在什么地方，这叫作"经"，是不变的原则。我们进入电梯后不可能面向里面，一进电梯就会转过身来，因此按钮一般在前面。如果电梯按钮在侧面，进入那个电梯以后，大部分人都会找不到按钮。

我还可以举出很多这种产业界乱变的例子，而乱变的产品迟早是会被淘汰的。所以，我觉得"持经达变"四个字一定要牢牢地记在脑海里面，那是中国人最了不起的一个经营智慧。如果不懂得持经达变，最好不要当领导。

随需而变

"持经达变"是变化要遵循的一个原则。那么，对于一个执掌企业的人来说（做人也是一样），怎么去掌握哪些东西要变、哪些东西不能变的尺度呢？我给出的答案是四个字：随需而变。

第一，不能为了要变而变。

先想一想，不变好不好？不变好，就不要变；不变不好，再来想怎么变。

有的干部会认为，如果不变的话，可能会有人说自己没有做事情。怎么办呢？不要管他。不能为了标榜自己而牺牲公家的利益，因为这只是为了表明自己做事了才变。"天下本无事，庸人自扰之。"一条鱼放在锅里煎，该翻的时候再翻，不能着急。翻来翻去，翻得鱼都烂掉了，有什么意义？老子讲得最清楚："治大国若烹小鲜。"本来没有什么事，就是老板一会儿这样、一会儿那样，才让大家无所适从。

正所谓"无为而治"。但是，无为是要以无不为作为基础的，无为不是什么都不做。我建议大家在对待中国人的事情上，要往深一层想，不要单从字面上去了解。

第二，把握好"时"与"位"。

我们说有一些东西是不能变的，这是"经"，是80%。还有20%要变的部分，应该怎么去变？根据什么去变呢？

我认为，要依据两个标准：一个是"时"，一个是"位"，西方人称之为时间和空间。"时""位"一变，人就要变；"时""位"不变，人就不能变。

就一家公司而言，法令规章没有变，人员、干部没有变，产品没有变，但只要换一个人——总经理，公司就会开始变。尽管按照新任总经理的话讲，什么都不变，萧规曹随。其实，三个月就会变了。而西方人是不会这样做的。

至于说这种改变的程度也是要依据一定条件的。如果他个人的声望高，也许就变了；他的声望不够，就会想变也变不了。但是不管这个人是谁，他在变的时候，都要进行判断，根据一些条件，比如说人的变化、时间的变化等，来制定自己改变的策略。

合理变通

依理应变

从时间的观点来看，"法"是过去产生的，是基于过去的经验、设想而订立的，往往时过境迁，执行起来窒碍难行；"情"是未来的伏笔，不可寄望过高；只有"理"才是现在的指标。

所以，我们最好"依理"来应变。因为"理"会变动，具有弹性，可以因时制宜产生合理的效果。所以，随时应变可以解释为"随着时间而合理应变"，这是中国式管理的"权变"思想。

依理应变必须掌握一些要点：

第一，依理应变绝对不是一味求新、求变。

一心一意求新、求变，偏重变，实际上是一种偏道思想。我们必须将变与不变结合起来，找到一条如前文所讲到的"不可不变，不可乱变"的合理应变途径。

第二，依理应变要以不变为根本的思考点。

"本立而道生"，只有站在不变的立场上思考变的可能，才能合理。能不变的部分即不变，不能不变的部分再合理求变。苟非如此，只会产生乱变的恶果。

第三，理本身是变动的，所以，应变之时必须找出当前的理，而不是依照前例来处理。

依例行事，按照先例依样画葫芦，实际上是找不到此时此地的合理点，才不得不依赖先例以推卸自己的责任。而一般人合理合法，宁愿一切依法行事，便是不喜欢动脑筋、怕负责任、又不善于思考所呈现出的一种无奈。

依理就变，以人为本

若以事为主，那就只好依法办理了。而事一旦离开了人，便变得刻板，缺乏变化。其实，这正是美国式管理应变能力较差而中国式管理具有变动性的主要原因，也是美国式管理法治大于人治而中国式管理人治大于法治的根本所在。

另外，内、外环境都在变。我们一方面要看到内部的环境，另一方面还要看到外部的环境。其中有四个方面是最要紧的：

第一，市场的变化是最要紧的。市场永远是模糊不清的，要不然怎么会那么难呢？如果市场看清楚了，那你做事就很容易。

第二，最可怕的是，你不知道什么时候后面的追兵要上来。现有的竞争对手都不可怕，因为你都清楚了，那个突然间出来的才厉害——看不见的敌人最可怕。

第三，不同的行业会把你整个儿打垮。以前只是同业竞争，现在不同行业的竞争者也会把你打倒。

第四，内部也是一样，也是要关注的。比如人的变动、材料的供需问题等。只要来料一断，整个工作就无法进行。所以，平常跟人家杀价杀得狠了，市场一发生变化，你的来料第一个就会被断掉。

以上这些变化是管理者要注意的，这一切都靠"人"。所以，我们才会拿"人"做"中"，人永远处在中间位置。

现在的理论过分强调变，其实不然，不能变就是不能变，因为能变的部分毕竟是很有限的。你只能在20%的范围内变化，不要在80%的范围内变化。

另外，一切都深受人的主观因素影响。你说统统变了，它就统统变了；你说没有变，它就没有变。一切都看你从哪个角度看问题。也就是说，变和不变都是相对的。

我认为，整个市场都深受人性影响。当变到所有消费者的消费欲望被统统激发出来，过量生产、过量消费的时候，就会变成死路一条。消费者会觉得这个不好，那个不要，这个不行。这时老板完了——被自己逼死了。假定大家都慢一点，消费者就不会要求太多了。

第四章
做人、做事六原则

中国人有句话，叫作"无三不成理"，就是西方所讲的重点管理。其实，东西方讲的都一样，只是我们没有搞通而已。"无三不成理"在西方叫 ABC 重点管理。如果归纳三个还不够的话，我们就归纳成六个，叫作"六六大顺"。

做人、做事都要有基本原则，我们必须坚守，不能变动。这些原则是，守本分，守规矩，守时限，守承诺，重改善，重方法。

这些原则做到了，如果你是员工，就是受干部欢迎的员工；如果你是干部，就是老板喜欢的干部；如果你是老板，就是受部属欢迎的老板。

如果一个人能够做到这六点，我相信这个人就是可圈可点的。

守本分，做好本职工作

说得通俗一点，守本分就是搞清楚什么该做、什么不该做。

一个人很热心好不好？好！但也经常挨骂："就是多管闲事！这么热心干吗？"可是一个人不热心又要挨骂了："只顾自己，本位主义。"做人真的很难：去帮人家忙就是多管闲事，不帮人家忙就是不乐于助人。

那么，把本职工作做好了，其他什么都不管，对不对？不对！本职工作没有做好，就拼命去帮助别人，对不对？也不对。一个人只要该做的事情没有做，就没有权力去帮助别人。如果那样做，就容易被人误解，不是认为你想讨好别人、想向别人邀功，就是认为你有不良企图。

所以，我们慢慢可以感觉到，人只要有所动作，就会有人开始发表议论了。有人会想，这个人不做自己的本职工作，专门去帮助别人，他肯定有什么不良企图，要不然怎么会这样？另外一种情况是，这个人只顾自己，对别人的事情漠不关心，也会有人盯住他：为什么会这样，他是不是想把东西偷走、移走？要不然怎么会这样？作为一个领导，风吹草动，都会去掌握。另外，自己的职责是不是确实完成好了，也需要有所判断。

所以，做自己的本职工作，你可以大胆地做，而帮助别人要很谨慎。这个度一定要把握得很好。

没有人敢帮采购员买东西。"哎呀，今天采购不在，我来代理吧。"你真的这样做了，所有的人都怀疑你：他是不是想拿回扣了？

另外，如果有人提议："我们公司去青岛旅游好不好？"马上就有人赞成："很好，很好，我表姐在旅行社。"所有人都怀疑他：又想捞一笔。如果我表姐是在旅行社工作的，我不会主动讲，大家找到我，我要说："这种事情找别人，不要找我表姐。"大家一定要找她，我只好勉为其难，叫她来做。这样，就不会有人怀疑我。

所以，"瓜田李下"很重要。太热心的人总是被人家怀疑是有目的的，如果你采取推、拖、拉的办法，推到最后，大家都会认为这样做没有问题，自己人好商量。

任何事情一定要做到人家没话讲，你就成功了。

守规矩，按制度办事

中国人做人实实在在，做事规规矩矩，很少有不守法的事情出现。

守规矩是什么？就是一定要搞清楚所有的规章制度。我们现在很少这样讲，是因为不少公司的规章制度根本就不适用——没有从公司实际出发，都是东抄西抄的。制度不可以抄袭，因为每家公司的状况不一样。

而且，很多做干部、做老板的真的不明白，规章制度是要用来执行的，要由员工自己定才有用，此外谁来定都很难发挥出制度应有的效用。

我辅导的公司要制定规章制度，我都是把员工找来。生产部门要什么制度自己定，只要能生产出来，什么时间上班都可以。员工们自己就开始议论，就不用我出面了。

所以，守规矩的第一条就是，企业制定的制度要是员工们心甘情愿接受的，是他们愿意遵守的。

很多公司要求员工打卡，由此产生了很多弊端。员工去客户那里修理机器，修理一半就停下来，说要回去打卡。客户就不高兴，员工说："我打卡要紧啊，机器可以明天再来修。"

现在，越来越多的公司取消了打卡的制度，因为打卡有太多的问题没办法解决（我们做企业顾问的对这些非常清楚），关键在人。公司叫员工打卡，那很简单，8：00上班，员工8：20来了，把打卡表调回去，打完再调回来。公司能把员工怎么样？没有什么办法。其实，不要太相信那些死的东西，因为人是活的。

换句话说，人们愿意遵守的时候，这就是规矩；不愿意遵守的时候，这就不是规矩。

守时限，提前完成才有可能

中国人非常守时

很多人跟我讲："我的干部不守时，每次开会都迟到。"我如果跟他们讲真话，他们会受不了的："就是因为你声望不够，人家不怕你！因为你威严不够，他根本就不拿你定的时间当一回事。"谁不守时呢？中国人该守时的时候一分一秒不差，不该守时的时候，又有那么多的"规矩"，由此才造成现在不守时的情况。这就是中国人的变动性。

还有，老板自己是不是守时也很重要。一般情况是，干部会看老板。所以，老板自己要去接受挑战，要学会带人——把大家带到都很守时。

守时是一种良好的习惯

我们一定要遵守时限，否则大家都浪费时间。什么叫作守时？我认为，守时就是提前完成。如果不提前完成，几乎做不到守时。

我在英国叫出租车，司机会一分不差地来按我的门铃，有人会说，那他不是神吗？不是，是他提前到了，他在外面守候着。这才叫作守时。

我们这里则是这样的情况："哎，去机场要多久啊？""半个小时肯定到了。"然后他迟到10分钟，一上车就跟你讲："时间有点紧张。"你看，自己迟到还要"要挟"别人。

对付这种人，我有自己的办法。明明是10点的飞机，我会跟他讲9点半（我不跟他讲实在话）。他会在9点出发，哎呀！急得要死，我一点不急（我自己预留了半小时，我急什么）。你要跟司机讲实在话，没给自己留有余地就会逼死自己！

这是太简单的事情：我们给甲一个限度，给乙另外一个限度。

千万给自己留有余地,不要逼死自己,如果那样,你就永远没有事了。这样叫作"精"!

我们要不断地改善,这是我们日新月异的要求。

守承诺,一诺千金

不轻易答应人家,答应人家后连命都可以不要。这是标准的中国人。

"凡轻诺者必寡信",领导交代工作后,马上回答"没问题"的人都不可靠。我当领导,一个任务交代出去,对方马上讲:"没有问题,很快可以做成。"我不能相信他,我会派人去跟踪他;我会比较相信那些跟我说"哎,给我两个小时,我琢磨琢磨再给你汇报"的人。

有人会问,在接受工作时,即使很有把握也不要轻率地答应吗?回答是肯定的,即使很有把握也不可以。

守承诺,要一诺千金。外国人对于重视的事一定要写出来才算数,讲的话绝对不算数——我们观念里的外国人就是这样。所以,在和他们交往时,我们一定要了解他们的特点。而有些中国人签字也不算数,承诺也不算数,宣誓还是不算数,但是只要他们在心里认定了,就算数了。也就是说,凡是有形的东西,对这些人几乎都没有什么约束力。这就是区别。

面对持有不同文化理念的人,如何让他守承诺,让他确实说到做到呢?

要让一个外国人签署一份文件,不是那么容易的。他会从头看到尾，有不同意的条文会给你讲，你同意他才会签字。而他只要一签字，就是算数的。所以，假定你要罚一个外国人1000美元，他会问："你凭什么罚我？"你指着文件告诉他："这是你自己签的。"他就乖乖认罚。

而你要罚一个中国人1000元人民币，他会问："你凭什么罚我？"同样，你指着文件说："你来看看，这是你自己签的。"他会拿起文件再看一下（这时候他会很仔细地看），然后他会讲一句话："奇怪，怎么会有这条？如果知道有这条我根本不会签，我当时没有看到这条才签的。"他不认账。

有时候，用中文签约，会引起一些误会。因为中文中有些词语含义宽泛，常会引发不同的理解。

面对这样的情况，我们是不是没有办法了呢？怎么办？中国人只有走合理这条路。只要文件条款合理，他签不签字都会守承诺；不合理，他签了也不算数。

所以，我们常常搞得好像对中国人没有办法，其实我们只要遵守一个原则——合理，就行了。你的合同是很合理的，他闭着眼睛签，他也一定会遵从。合理的东西没有人不遵从，这是唯一的道理。

所以，如果你问我什么叫作中国人的性格？三个字："不一定"。全世界的人都有情绪的变化，其中数中国人的情绪变化最大。那么，我们如何要求大家按承诺去做呢？

举例而言。甲、乙二人做买卖签了约以后，物价一直涨，甲就天天在家里骂乙捡便宜了。那么乙就主动还甲一点，补贴甲一点——因为甲吃亏了。这样甲还会骂乙吗？绝对不会。甲跟乙签约以后价格一直跌，那就换成乙骂了，甲就退还乙一点货款，乙就没事了。

所以，我们一定要懂得这么一种思路——除了理，还要讲人情。要不然，就没办法跟别人打交道。

有很多人成就了那么辉煌的事业，而其中有些人根本没有读过什么书，这是为什么？就是因为他们按照中国人这套礼仪、这套哲理去做——中国人是最懂得人性的。

既然承诺，就一定要按承诺去做，这才是承诺。

重改善，精益求精

重改善，就是一次比一次做得好

你很有把握的是上一次，而不是这一次。这次会出现很多新的变数，你却还没搞清楚就满口答应了，我很不相信这样的人。

有些中国人很不重视方法。搞学术的都知道"methodology"是西方非常重要的学问，中国没有"methodology"，因为我们很简单。如果我问，毛笔字怎么写？没有人知道。没有人教你怎么写毛笔字，写就是了。

不少中国人对方法始终不重视，这其实错了。方法很重要，只要把方法搞对了，就会事半功倍。

改善就是持经达变

有人会问，"改善"二字与我们前面提到的"变"与"不变"

是什么关系呢？

所谓"改善"，也就是持经达变。中国人习惯渐变，不喜欢突变，所以，从表面上看，中国人总像没有变一样。孔子讲"不停滞"，不让人停下来。一路在变，但是变到好像没有变一样，这个是我们最拿手的。

我在国外读书时，大学里的教授们都跟我讲："你们中国人不会变，你们很保守。"我听了心里很高兴，我真的很高兴：一个这么会变的民族，几乎已经到了乱变的时候了，还没有被人家看出来。

一个人有什么变化，被人家抓住了，这个人是不会变的人，而中国人却变到让你没有感觉。把一只青蛙抓起来一下子扔到热水里面去，它一定立马跳出来，因为温度变化得太大了。我们不会那么傻，我们会用冷水，把青蛙放进去，青蛙好像觉得回家一样，然后我们再慢慢加温，水温变化很微小，结果把它活活热死，再也不会跳出去——我们有我们的一套。

外国人到中国来都受不了，这也不对，那也不对；中国人到全世界其他地方去都感觉很舒服，因为我们很会调适自己。

改善是缓慢的、渐进的，但又是持续的

儒家最了不起的就是这套理论，叫作"不停滞"，永远在变，可是没有那种突变。因为只要突变就会有人抗拒，我们会变到让人无从抗拒。

举例而言。公司总经理宣布要修改人事规章。大家马上注意：是不是薪酬体系要改变？如果薪酬体系一改变，所有人都反

对，没有人赞成，因为大家的既得利益要受损，于是绝对跟总经理事事作对到底。

如果说一个新到公司来的总经理，准备改变薪酬体系，按照持续而又渐变的策略，应该怎么变呢？

总经理要把干部找来询问："你觉得我们的薪酬体系合不合理？"一句话就够了。如果对方讲"合理"，经理就知道对方不是合作者，将来准备抗拒自己，如果把工作给他做了，自己的计划就实行不了；如果对方说"不合理"，总经理要进一步询问："不合理吗？我都没有感觉到不合理，你感觉哪里不合理呢？"干部会讲出子丑寅卯，结果，总经理是顺着对方的话，却是按照自己的思路完成了工作。

重方法，正确有效是唯一的衡量标准

还是上面的例子，经过一个推、拖、拉的过程，最后水落石出，答案就出来了——不是新来的总经理的答案，而是大家的答案。既然是大家的意见，政策实行起来就没有阻碍。谁再抗拒，谁就是"罪人"。

总经理会把对方的意见拿出来："如果这样改，一个月你会比原来少300块。"

他嘴上讲："没有关系，以公司利益为重，我个人事小。"

总经理如果说"好，好"，就真的减掉对方的薪水，对方会到处骂他。然而，总经理会说："没有关系，你的好意我领了，我还是要调整。但是每个月我会补贴你300块，我不会叫你吃亏。"

这样做，对方就会很高兴。其实，调整后他拿的钱跟别人一样多。

另外，如果要裁员，就要采取逐年裁员的方式，不可以一次性完成。如果你认为这样做是圆滑、奸诈、阴谋，那是你的错，你自己要负责的，因为你理解错了，我们讲的、做的绝对是正正当当、实实在在、规规矩矩的。

总之，方法很重要，把方法搞对了，就事半功倍了。

第五章
建立合乎人性的制度

管理离不开制度,但仅仅实行制度化也绝称不上是好的管理。制度是什么?制度是企业组织中所有成员一切分工合作的基本规范,是成员在组织中的行为规范。任何成员的行为都要遵从企业的制度。

制度是要大家来遵守的,所以,让人能够接受、容易遵守的才是好的制度。

管理制度化

事实上，中国人最会定制度。

我们现在满脑子都是"美国很先进"，其实未必。美国有一条街叫作华尔街，街上几乎都是金融类、银行类的企业。实际上，全世界第一条"华尔街"出现在山西的平遥，那里的钱庄制度绝对不比现代金融制度差。我们现在想到的，他们早在100多年前就已经做到了。

中国从周朝开始就很会定制度。周公为什么了不起？因为他很会定制度。在这方面，我们周边的国家差不多都是学我们的。问题是，管理一定要制度化，但是仅仅做好制度化还算不上好的管理，因为制度有时会把人搞得很僵化。

这就涉及另一个问题，即为什么定了法令以后，我们总是觉得它不合时宜？就是因为整个世界在变。整个社会在变，整个环境都在变，法令却还是在三五年前定的那一套，如此，怎么可以规划现在？可是，法令常常变，朝令夕改，又会弄得大家无所适从，这也是个很大的矛盾。

自觉遵守合理的制度

有制度却不敢执行

很多受西方管理科学影响的年轻人告诉我,一家公司只要把制度定得很完善,然后很彻底地执行,大家都很重视执行力度,那就很好了。我认为,毫无经验的人才会这样讲!

实际上很少有人敢照制度去做,这是很有意思的事情。我常常讲,制度定得很规范,不是不执行,而是不敢执行。例如,在公司的相关制度中,每个领导都有权力开除员工。可是每个领导都抱怨说,自己没有开除员工的权力。那是因为,他不敢用这个权力,一旦使用肯定后患无穷。

再如,制度规定:上班时间不能看书报杂志,否则罚款1000元。制度定得够清楚、够严格吧?假如今天你当这个经理,你的部门里面有一个人上班时间看杂志,而且高高地举着看,你敢不敢抓他?很多时候不敢。

为什么经理不敢处罚违规的员工呢?大多数中国人自己会衡量,那个人如果没有"两把刷子",敢公开看吗?不敢。这种人是能屈能伸的:没有什么优势可用的时候,就埋头苦干,就很听话;当有贡献、背景很好的时候,当有"两把刷子"的时候,就开始"耍大牌"。而事实上我们也真的不敢把这种人怎么样。

但是,作为领导,一定要想办法做点儿事情,此风不可长——管不了他,就管不了别人!道理非常正确。可是只要一处理违规的人,你就完了。这时,就必须要想一想:这个人我动得了动不了？动不了我也要动啊，不然我就没有尊严了。

有的领导常常会叫别人去"看看他在干什么"——你看得那么清楚，还叫别人去看，是因为你要把责任推给他。如果你一下子抓住当事人，把他报上去，他一定会否认："他栽赃我，他冤枉我，他想借机会整我，百口莫辩啊！"

所以，有的领导明明看到违规的事情，他一定先拐个弯，让别人去"看看他在干什么"——这个人将来就是证人。被要求去看的人，警惕性很高，他也知道，经理明明看到了有人上班看杂志，于是，他就再叫另外一个人："哎，你离他比较近，你去看看。"

为什么我们总是推、拖、拉呢？因为这样一来，证人就会有好几个。但是，这样做还是不能解决问题。如果那个违规的人是老板的红人，你敢动他吗？你动他就是不给老板面子。老板虽然会很严厉地处理这件事，但从此老板和你之间会产生很大的隔阂。

合理的制度，合理地执行

同样是没有遵守规定，中国人会有两种处理方法：一阴一阳，一种是抓，一种是不抓。抓，有抓的做法；不抓，有不抓的做法。

那么，抓怎么做，不抓又该怎么做呢？遇到了这种情况，身为领导应该怎么处理呢？

如果要抓，就要找很多证人，然后叫当事人自己来说在干什么，自己写报告。老板经常说"做了什么你自己心里最清楚"，就是这个道理。报告写完给证人看，大家都认定，而作为管理者的你却一句话也没说，这个无为有很大的作用。

不抓，就更妙了：

经理赶快拿一本杂志去，站在看杂志的人面前："哎，你在看什么杂志啊？一定有很精彩的内容，你才会这个时候看。哎，我这本也有很精彩的啊！"然后，就把他那本拿来，跟自己手中这本卷在一起，大声说："两本都带回去看啊，免得人家误会你上班看杂志。"

说你没有处理吗？你处理掉了。说你处理了吗？你没有处理呀。老板一定对你非常满意，因为他知道你是会做事情的：给员工和老板都留了面子，也给自己留了退路。

很多员工一辈子在基层，他们常说，所有一切都要依法办理。坦率地讲，如果一切依法办理办得通的话，干部就可以统统被裁掉。因为依法可以办理的事情，基层都办完了，要干部干什么呢？公司需要干部，就是因为基层依法办事行不通，干部如果还要依法办理，我看这个干部还是干脆不要当了。当干部的，如果满脑子都是依法处理，就不是一个好干部——不够格。

制度只能管例行，没法管例外。但是，中国是例外最多的国家。中国人嘴上讲"王子犯法，与庶民同罪"，实际上你一看曹操就明白了：

曹操带兵出去打仗的时候，看到麦田里的麦子长势很好，于是下令：大家注意，不要踩踏麦田，哪一个人踩踏麦田，斩！刚刚讲完，他的马（也就是他自己）就踩倒一大片麦苗。怎么办？当时曹操就拿起刀来，所有的人都跪下去求情："千万不可以。"曹操坚持认为，自己发布的命令，一定要遵照。大家又赶紧求情："绝对不行！绝对不行！"那怎么办呢？于是曹操"割发代首"。

这叫作变通，至于合不合理，大家衡量。如果曹操将自己执行斩首，还打什么仗呢？

由下而上定制度最有效

制度在执行过程当中要适当变通。那么，怎么样才能在我们制定制度时，让大家觉得比较合理，愿意去执行呢？唯一的办法就是让大家自己定。

生产部门的制度跟营销部门的制度不应该一样。因为营销部门的制度要求每个人都穿西装、打领带，生产部门从来不用穿西装、打领带，怎么可能是一样的要求？生产部门要求同进同出，是因为他们要一起工作，营销部门为什么要同进同出呢？高兴早点儿来就早点儿来，愿意晚点儿回去就晚点儿回去，把业绩做出来了，你管他上班时间的早晚呢。同样吃盒饭，生产部门的人吃20元一盒的就很满意，营销部门的人通常会吃35元一盒的，为什么？会赚钱啊！

制定制度不要一刀切，我是最反对一刀切的，这不符合情理，不符合企业实际经营状况，也不符合人性。

领导有最终决定权

但是，如果让执行制度的人自己去定制度的话，会不会把制度定得非常有利于自己，或者借机偷懒呢？

有的领导一直怕出现这种情况，其实不用怕。因为管理者有最后的决定权，怕什么？只要有最后的决定权，领导就不用怕所有的事情。如果你有本事，怎么说都可以，说到最后自己就会找到一个合理点，不然就没有台阶下了。

我辅导过的公司就是这样的，各个部门自己定制度，只要能定得出来，老板就敢接受。各部门压力很大，因为公司内部会去制衡。

比如，有一个部门想定一个不用上班、领高薪，还要享受福利的制度。当他们把制度提出来后，所有人都笑他们，所以自己要改，一直改到合理。老板说："好，既然大家同意，我就签字。"签完字就结束了。

所以说，制定制度，由下而上最管用。制定制度要由下而上，要充分尊重员工的自主性。不要怕下面提得不对，他自己会平衡，而且领导也有最后的决定权。

上下多交流，彼此多尊重

老板的目标都是空的，部属的目标要自己写得出来

如果部属把目标定得比较低，又怎么办呢？请老板放心，部属自己会调整的，比如：

老板："是将目标设在一等，拿超额奖，还是将目标设在三等，没有奖金，你可以自己选啊。"

部属："我要多做点。"

老板："不要勉强。"

第五章　建立合乎人性的制度

部属："不行，一定要提高。"

好的制度，要由大家来制定，还要由大家来执行。要自觉遵守，否则大家没面子。

我有时候觉得不少老板做得并不好，自己累得要命，部属却闲得要命。其实，每一个人都会替自己打算，因为他有无限的潜力——根本不用谁来操心。但是，现在的制度不能让人把潜力发挥出来。因为现在所谓的制度，就是把人限制在那里。

西方人的工作说明书，往往把能干的人限制住，让其没有发挥的余地。中国人则是能者多劳，能干你就多干，公司不会亏待你；不能干你就少干，但是老板心里有数，到时候吃亏是你自己的事。

我是学了很完整的西方管理方法的，但是我了解中国人，我知道简单地把那套方法拿过来，形式上很好看，但实际上并不管用。尽管做同样的工作，一个更有经验的人所付出的，有很多是无形的东西，是没有办法用酬劳来衡量的。在这个意义上说，西方关于薪酬的理论也许是不合理、不公平的。我们坐飞机的体验就能说明这个问题。

美国的空乘人员大都是四五十岁的空嫂。我从美国坐飞机回来的时候，就问那个空嫂："你干了多少年？"她说："37个年头。"用中国的话说，她都"熬成婆"了，什么人情世故都懂了。她的服务是体贴入微的，帮乘客节省了沟通的时间。

而我们有的空中小姐却做不到。客人提出要求了，她不停地讲"请稍候"，让人莫名其妙。说白了，这样的人还不懂什么叫服务，因为她根本不知道客户在想什么。

如果我是老板的话，有这样两类人，她们做的工作差不多，但是质量却不一样，用什么办法体现出我的态度来呢？仅仅是对某一些人的奖励和对某一些人的不满意而已吗？

以我的经验，老中青相结合才是最好的办法，一个带一个，就把人带出来了，也就把传统带出来了。我们虽然没有学徒，但是要有学徒的精神。在职场当中，跟着一个师傅，就会成长很快。这种方法日本人用得非常好，新人到一个公司就赶快看哪一个同事可以当自己的师傅，私底下什么事情都问他，那个人就会照顾自己，反过来，自己也要听他的话。在学校，我们将其称为"学长制"，称那个人为"学长"或者"学姐"。我们应该把这种精神、这种方法应用到职场中去。因为新人没有"老人"带的话，他们一定都是在那儿摸索、尝试，一定会有很长一段时间不适应。

作为老板，用什么样的办法去激励做得更多的人呢

对中国人来说，会有暗盘。我去国外开会，每个人都问我"什么叫暗盘"，我反问他们："你说什么叫暗盘？"

所谓"激励"，就是有刺激、有反应。西方有一个激励学派的人说，奖励明着来、明着去，接受者自己有反应，大家都能看得到，这才有激励作用；你们那个暗盘，暗着来、暗着去，谁都没有看到，怎么会有激励作用？我告诉他："你怎么知道大家都不知道？中国人的暗盘就是大家都知道，哪有大家都不知道的暗盘？"所以，大家要花一段时间了解暗盘。

我们的暗盘妙用无穷：你工作用心、做得好，老板就舍得用暗盘。这个干部很棒，他平常吃很大亏，到年底，老板给他

300万元，明年他非卖命不可。老板舍不得给300万元，他明年肯定不好好干。我们就是这样，表面上看似公平，实际上就是不公平的——暗盘有激励作用。

什么是公平？西方人认为，我有、你有、他有，这才叫公平。中国人很妙："我领到两千块呀，我真的很高兴。"转过身赶快问一下别人："你有吗？"一发现别人也有，他就很恼火了，他会认为这样不公平。很多中国人认为，大家都有就是不公平，他一个人有而大家没有就是公平。我们的公平概念跟西方不一样，大家都有，算什么公平？这是非常奇妙的事情。每一个人都会觉得自己的贡献最大，觉得自己做的比别人都多，觉得没有自己老板就完了。

有位先生早上发高烧了，太太劝他："你都发高烧了还要上班吗？不要去了。"

他会跟太太说："你不知道，那件事离了我谁也干不了。"

哪里会有谁也干不了的事呢？"干不了"，这就是某些中国人的思维，他们很会自我激励："非我不可！"实际上没有这回事。

好制度要动态平衡

制度不能移植，凡是移植的制度都很难"活"下去。制度是本土生根长出来的，大家都觉得有需要，慢慢就形成了制度。

但制度要常常修改。"日落法"就很好。因为太阳会下山，制度怎么会不改呢？我们定了一个制度以后，要说明：本办法以一年为限，期满后自动作废。

新加坡就是这样做的，这个办法的作用是，到明年的今天，制度会自动失效。这样会令很多人紧张，就逼着大家提前3个月拿出新办法来，或者大家重新讨论，看一看原有的制度有什么不妥的地方，修改一下。我们一直在讲渐变，局部修改了就不用动手去改革；渐变，就不用突变。一套制度定下来，三五年不改，我保证它行不通，最后就要突变，那时候一革新，就会造成很大的矛盾，甚至是混乱。

对此，有人会心存疑虑：如果一套制度每年都要变的话，大家会不会有临时性的心态呢？不必担心。如果大家讨论认为不要变，那就不要变了；认为要变，修改就行了。这就叫作动态平衡。

观察开车的人，你会发现虽然公路很直，但是司机的方向盘却一直在动，为了好看吗？当然不是。司机动什么呢？因为不动，车子就出去了。

好制度关键在执行

制度是很好的，但是它本身没有什么作用，关键是要执行得好。有些中国人的制度观念很可怕，制度是什么？就是"置他人于死地，度自己上天堂"。

上车就系安全带是很自然的事。美国人为了通过这个制度抗争了许久。"我干吗要系安全带？！"你说"为了安全"，他会讲："安全是我的事，不用你担心呀，我高兴系就系，我不高兴系就不系。"最后法律确定一定要系，他们也就系了。

而我们当中有些人则是，你说要系也是你自己的事，你说不系也是你自己的事。大家各有一套。

如果真正去了解他们，你就知道把西方那一套活生生地安在他们头上没有效。我的办法很简单，安全带系不系是你自己说了算数，但是，凡是系安全带的人，将来出什么意外公司全部赔；凡是系一半或者不系的，全部由自己处理，由自己负责。这样做是要让他们心甘情愿地系，而不是规定要系，否则他们会反感：为什么非得要我系？

总而言之，制度是需要的，但是不要太依赖制度。

凡事合理合法

很多事情关系到每一个人的价值观。你认为当老板的要令出必行，但到最后你是孤家寡人一个。有的总经理在职的时候，很多人怕他，对他服服帖帖；但只要他一退休或者调动了，他马上变成了"总不理"——没有人理他。

我最感兴趣的就是陪着一些"老人"回原单位，有的人一回到原单位，很多人老远就跑过来跟他打招呼，我就称赞他："你很成功。"有的人一回到原单位，所有人一看见他就躲，我就反问他说："你是怎么干的？"很显然，他是失败的。

一个人待人好不好，不是在职的时候能观察出来的，而是在他离开以后。所以，一个人要留下一点儿"去思"——离去以后人家会想念。这就从另一方面说明这个人在职的时候，大家是不是真的信服他。

中国历史上的法家都死得很惨，几乎没有一位法家得以善终。为什么？因为法家不是中国文化的主流。法家是什么样子？言出必行，不打折扣；以身作则，铁面无私。这就是法家的形象。但最后呢？不少人都作法自毙，比如商鞅到最后就是死于自己积极推行的"商君之法"。

　　历史的教训是要看一看的。中国很重视法，但是法深入下去还要有理，你看我们讲"合法"时，一定讲"合理合法"，我们很少仅仅讲"合法"。很多学法律的人要彻底去想：一个人如果只怕违法，这个人的人格有问题；一个人只要合法，什么事情都敢做，这个人就没有道德。不违法是底线，讲道理才是标准，所以我们的行为要合理合法。

　　中国人为什么讲道德？就是因为在行为约束方面，法律差得很远，要用道德来弥补法律的不足。现在很多人不是这样，理解片面了：只要不违法，任何事情都可以做。那么，这样的人是没有良心的，这样的人的道德标准太低了。

第六章
处理问题的基本思路

第五章谈及管理要有制度，但是又不能百分之百地去执行。如果百分之百地去执行，制度就会变得僵化。另外，在管理过程中，我们常常会遇见一些意想不到的事情，或者是一些麻烦，这叫作例外。

　　但是，有太多的例外毕竟不是好现象。那样的话，法规、典章就不起作用了。如果法规不能概括大部分现象，那还算什么法规呢？所以，例外越来越多时，我们就会明白是法规、法令本身出了问题，就要赶快修订法规、制度。

遇事首先讲情

中国人考虑事情跟西方人不一样。西方人依法处理，法怎么规定，就怎么处理；而中国人会把法放在心里，叫作"心知肚明"。我们懂得，只要一把法规、制度提出来，大家就伤感情了，伤了感情大家就不和气，不和气的结果就是自己一定倒霉。所以，很多人在执法时，都有顾虑。整个社会如果这样下去的话，是没有希望的。

所以，制度化首先要考虑到合理化，只要制度很合理，大家就能够遵守。

作为中国人，要先把情拿出来，从情入手，而不要从法入手。所有中国人要把法放在心里当腹案，心中有一把尺，这把尺就是合理，但是嘴巴要合情。嘴巴专门讲情，心里想的是理，肚子里面是法，就百无禁忌，什么都通。

看到员工做不好事情，老板马上处罚他，这样做很冒险。因为这种结果可能是由多种因素造成的。如果骂错了，老板会下不了台。所以，大多数中国人处理起事情来都会给对方面子，这样做一定有道理，对方会很容易接受。一开始就骂他，他就会抗拒。

"许多中国人都是讲歪理的",这句话大家会认为可笑,但是年龄大一些的人都有夫妻对话的经验、体会:道理都是相对的。请看这位先生与太太的对话,就充分代表了这部分人的特点:

先生:"明天开始放长假,我们出去溜达溜达吧。"

太太:"放长假大家都出门,人多车多,凑热闹干什么。"(她永远是对的)

先生:"既然这样,我们就留在家里好了。"

太太:"在家多无聊。"(你看她又对)

先生:"那你到底要怎么样?"(先生有点儿生气了)

太太:"问你呀,怎么老问我呀。"(你看她还是没有事,你在这儿忙得要死)

这段对话说明道理是相对的。这类人最厉害的地方就是,你说东的时候,他就给你说西;你说北的时候,他就给你说南。他永远不跟你凑在一起,你就没办法了。

所以,你只要得不到老板的心,你跟老板怎么谈都谈不妥。

员工:"这件事我马上去做好不好?"

老板:"你急什么,有的是时间。"

员工:"那我明天再去。"

老板:"你为什么要等到明天,你今天要干什么?"

员工:"那我到底该干什么?"

老板:"你不会动脑筋?你不会想?什么都问我,要把我累死了!"

要用情和行动去化解

有很多人经常说自己口才好,我感觉很可笑:口才好?人家不过是让你,不跟你辩解而已。要说辩论,没有人辩得过中国人,因为中国人的阴阳思维非常厉害。请看下面的对话:

老板:"你最近在干什么?"

部属:"我在填表格。"

老板:"表格有什么重要的,你填不填有什么关系?"

碰到这种情况部属该怎么办呢?

有的老板很奇怪,凡是你认为重要的,他都说不重要。"你没有做的事情,为什么不去做呢?没有做的那才重要。"这就是老板的心态。你总在办公室里面忙,他觉得很奇怪:"外面的事情谁做,整天搞这些没用的表单吗?这些是骗人的,真正的事情谁去干呢?"你跑到外面去,他又会说:"你整天在外面跑,表单谁填呢?"可见,你永远没有办法调试得让老板满意。

可以说这就是中国社会的现实状况。家事同理,家里人也是这样,夫妻两个人越来越看不顺眼时就是这样。同样,子女在家,父母觉得很烦:"你整天不工作,在家虚度时光。"子女不在家,很忙,回来很晚,父母又会说:"家里是旅馆呀,回来睡个觉就走了。"

那么,怎样才能化解这些问题呢?我的经验是:要把情摆在当头,见面就给他面子,他有了面子,就很讲理。也就是说,要中国人讲理,你只要给他面子就行。

还是上面那个例子,让我们看看如何应对这个老板。作为部属要思考一下：自己一定有什么地方对不起老板，他才会这样，他是借故这样做，并不是真的自己怎么做都不对。他一定有心结，把这个心结一打开，事情就化解了，就没事了。

的确，我们很少就事论事。因为我们的认识是，人和事是分不开的；西方人的认识是，人和事可以分开。例如，西方人听到一句话，他仅就这句话进行判断；而我们听到一句话先问"是谁说的"，搞清楚了再来判断（你不告诉我谁说的，我不可能判断）。在我们看来，任何事情都离不开人，老板跟你有心结，你去道歉没有用，去说明也没有用。你就要想明白大概是因为什么事情得罪了老板，再从行动上来改善，老板自然就理解了。遇到事情怎么办？要讲情、理、法。遇到矛盾，要用行动去化解，不要用语言去辩解——越辩矛盾越大。老板要有老板的魅力，干部要承上启下，基层员工要实实在在地把工作做好，大家各司其职。

揣测没有错，中国人一定要揣摩别人的心思。孔子说，你讲话时，眼睛要看对方，如果你讲话时，眼睛不看对方，你就跟瞎子一样。但是不能投其所好。一察言观色就投其所好，那是小人；察言观色之后合理地调适，才是正确的做法。

如果你完全不察言观色，不理解老板的心思，老板跟你越离越远，结果会怎样呢？我认为大多数管理者不会把人炒鱿鱼，也不会把人调职，只要"急速冷冻"，让你什么事也不能做，你就自动走了。你走了，他还会想：走了更好。

第六章　处理问题的基本思路

依法处理有前提

我观察了近三十年发现，一个中国人只要有了面子，他就会很讲理。而情就是给对方面子。

某人要插队（北方人叫"加塞儿"——编者注），如果你说："没关系。"他会不好意思地说："我站你后面。"如果他一插队，你就说："你为什么插队？"他就会说："我比你来得早，哪里是插队，我是临时有事出去一下，怎么是插队？"

在中国排队跟在西方排队不一样。西方人排队一定要人在那里，中国人是用眼睛在排队，眼睛看到哪儿，哪儿就是他的位置。你能把他怎么样？你能天天跟人家吵架吗？你天天吵架自己还做什么呢？

如果一看有人要插队，你就说："你很急，站在我前面来。"对方就会说："没关系，我站在你后面。"我们就是这样，只要有面子，就很爱护这个面子，就不能不讲理；如果没有面子，就可以蛮不讲理——反正我已经没有面子了。

让一个人没有面子，自己是最吃亏的，这个道理千真万确。这方面我们有太多的案例可供参考。

就拿一家公司来说，老板是公司的掌舵人，要有一定的魅力和一套独特的管理方法；中层干部扮演的是承上启下的角色，既需要对老板负责，又要对基层员工负责；而基层员工只要实实在在地把工作做好。

如何才能让这家公司正常运转呢？西方管理科学给出的答案是每个人都要把自己的角色扮演好，建立起一套管理制度。这时，问题就来了：有了制度就万事大吉了吗？如果执行制度严重伤害到某个人的面子怎么办？

我的建议很简单：做什么事情要先从情开始，不要先从法开始。我给你面子，你很讲理，就不必谈法了；我给你面子，你不讲理，我再给你一次面子，你还是不讲理，我就翻脸无情，就要依法处理。这样做，对方没有话讲。

这就是依法处理有前提的全部真相。在中国为什么讲情与法，情在前，法在后，自然有其道理。

处理问题人性化

不仅当老板、当干部的要给人面子，对于员工来说，也有这种可能。比如说，别人在你排队的时候插队，那就让一让："你来，你有急事。"对方会很感激，不停地致谢："我确实有急事。"这就叫作将心比心。

我们出国一定要通关。大家排队排得整整齐齐的，有一个人公然插队，警察就走过来："你插什么队？"此人一定会说："我不插队，我不想要插队。"马上拿起东西就往后走。然后他说："有没有听到广播，我是那架飞机最后一名旅客，全机都在等我，我是因为来不及才插队。"警察一听，马上会说："我送你进去。"

这就叫例外。大家都遵照规定，例外谁来处理？

那么，也存在一种可能，这个人确实脸皮很厚，你给他面子，他反而利用你这个面子。怎么区分呢？放心，这种人迟早会吃亏的，因为他养成了一大堆坏习惯。

大多数中国人是这样的：以后大家彼此还会交往，你给他面子，他很讲理，大家很愉快；你给他面子，他就占你的便宜，你第一次让他占，以后就知道，他这个人在你面前没有什么面子，你再不会给他面子了。所以，当领导的，对这个人客气，对那个人不客气，他是要分辨的。

得到面子要格外讲理

作为员工来说，也要特别准确地去进行判断。当你得到人家给的面子时，要格外地讲理，你就会非常愉快。

有人会认真地告诉你那条路怎么走，你到底要不要相信他？他说的可能是假的，也可能是真的。你不相信他，你就会吃亏，因为他是真的；你相信他，你也会吃亏，如果他是假的。

我们的药是真的，就很管用，但是有真药就会有假药。这就是我们社会的麻烦：只要有真的东西就一定会有假的，假的总是屡禁不止。怎么办？所以，平常就要广结善缘，人家自然会告诉你，会帮助你。

吃亏一时，但是占便宜永久，这叫作君子；吃亏一时，又一直吃亏下去，就是呆瓜！吃亏一次，你对这个人就要有警惕性了，以后他讲什么你都不大会听了，这样就好了。吃亏一次怕什么？你吃得起。习惯占便宜的人是他的命不好，因为他会养成坏习惯。

凡是舍得的人，福气都很好；凡是舍不得的人，都没有什么福气。这不是迷信，是他内心的需求：吃不起亏的时候，就一定要占便宜，那以后就没有度量和能力可以吃亏了。有的人根本不在乎，吃一点亏算什么？这个人的福气永远很好，他就不会缺钱，因为他有这个气度，自然就会有所收获。

有人会说，一个人没有钱，怎么会舍得呢？但是有的人还是会舍得，钱自然就会进来，这是很有奥妙的事情。典型的事例比如加薪。我到公司去，第一步会问员工：你们的薪水是谁给的？有人会说"是老板给的"，我就觉得很奇怪：老板卖了自己的一栋房子给你钱吗？老板也不会印钞票，哪里会给你钱？有人会说"是公司给的"，也不对呀，公司也不会印钞票，从哪里给你钱？真实的答案是：钱是你自己赚的。你想加薪，你想赚得更多，你就要奋斗更多。如果我要加薪，我就会问自己，不要问老板：我好好做，我的销售做得好，我自然就加薪了，求老板是没有用的。

执行制度要有软件配合

制度是很僵化的东西，必须要有软件配合才有用。

规定大家上班不能迟到，有用吗？没有用。我辅导的公司从来没有人迟到过，我只用一招就够了。

我告诉老总："如果你的部属6点半上班，你就6点上班。"果然，所有的经理乖乖地早早都到齐了。老总说："你们这么早来干吗？"经理们第二天到得更早。假如老总说："你就应该这么早来。"那么，经理们第二天准迟到。

其实，所有的经理心里都很清楚：老板看到自己了，老板知道自己是勤奋的。

角色不同，作用不同

员工上午 8 点上班，他一定要工作到下午 5 点，所以他不能太早上班，他很辛苦，越是干部越是要早来晚走。

在美国，有的 CEO 早晨 4 点就上班，因为那时候，路上车很少、路况很顺，停车位也很宽松。停好车后，他就开始想，今天要找这个人谈什么，跟另一个人谈什么。一看到某人来，就找他谈，谈到他按部就班去做事，CEO 就没事了，可以去打高尔夫，可以去睡觉。这才叫作会当 CEO。跟大家一起挤车子、打乱仗、匆匆忙忙、不想事情，这不是好的 CEO。

方法不是制度，是制度外的事情

制度是帮助我们把有形的规范好，但是在制度之外还有软件，要靠我们去运作，这就是中国式管理——还有很多东西是无形的。中国式管理非常人性化，会让每个人都没有压力，都非常愉快，这是西方人做不到的。

干部、员工有的时候压力可能会比较大

如果什么都比较清楚的话，大家就按照清楚的东西去做；如果什么都不清楚，又要做好，可能心理压力会大一些。

老板不高兴了，他告诉你："今天这桌子没擦干净。"你赶紧去把它擦干净了，这很简单。但是如果老板很不高兴，他又不告诉你，就算你把整个屋子都打扫完，也有可能他是因为院子不干净而生气，你怎么能知道呢？

这里面隐含着一个哲学道理：当我们认为清楚的时候，可能经常是看错了；当什么都不清楚的时候，可能又是非常清楚的。

不要认为你什么都知道

我常常讲，干部一脚踏进门来，猜得到他会说什么话、知道他要谈什么，才是个好老板。一旦等他开口，你就很难跟他沟通了。

生产科长一进门，老板马上知道他要谈加班费的问题，因为他一直觉得加班费不高。等他一开口，你再跟他谈很难，不同意会让他很没面子，同意又会增加开支。好老板就要在他未开口之前，看看有谁在场，正好总务科长在，那是老天爷帮忙。老板就开始训斥总务科长："你这个家伙不想想看，你整天花公司的钱，你还在啰唆，你看人家生产科，没有花公司的钱，都在尽心尽力地做，加班费那么低都没有人讲话，你还讲什么？"然后转过身来再问那个生产科长："有事吗？"他一定会说"没有"。这件事情就这样处理了，很简单。

如果总务科长不在，总还有别人在。如果真是没有人在，这个忙别人帮不上，老板就赶快拨电话，骂得更凶："你这个家伙乱来，你看现在生产科长在我这儿，他很委屈你知道吗？部属天天抱怨加班费那么低，他都好言相劝，为公司大局，哪像你！"生产科长一听就走了。

这一招很厉害，但不要常常用，否则就没有人信你这套了。这还没完，等人走了以后你就要开始想办法如何调整，这样才行。我们的办法必须是整体配套的才行。

老板这样做也不轻松，对他的要求是很高的，绝对要有百分之百的把握。作为一个CEO，公司里面最近哪一个部门有什么事情，你心里要很清楚，一看下属脸色就知道他要干什么了。

总之，处理问题的玄机非常多，需要我们在处理事情之前进行非常周密的思虑和准备。

第七章
处理问题要谋定而后动

我们在前边介绍了很多处理问题的方式、方法，一切都需要我们在处理问题之前有非常周密的考虑，这种周密的思考，就是计划。"谋定而后动"，做事要先做计划，考虑要周到。

思考的方式和处理问题的方式相反

思考和执行的方式正相反，要首先考虑到法。我们做任何事情，一定要"谋定而后动"，所以，中国人很擅长做计划。

我们学习西方管理学的计划、执行、考核，好像西方人很有一套，中国人就没有一套。其实，只不过是中国人的计划跟西方人不太一样而已。西方人一定要有纸上作业，而中国人脑筋一动就是一个计划。我们的脑筋转得非常快，因而就不停地有不同的计划，这种计划常常被叫作"点子"。

一个人要"谋定而后动"，是说在做任何事情之前，先要做好计划。做计划时，跟我们去执行计划、执行管理时的过程刚好相反。怎么理解呢？我们去执行的时候是从情入手，可是考虑事情不能从情入手，而要把法放在第一位，行为只能在法的范围内游走，不可逾越。法律没有什么人情，违法就是违法。

所以，当我们在做计划时，第一个考虑的是法，先看一看规定，不要超逾。

在中国，不管是老板，还是干部，只要违法，你就是孤单的，没有人会救你的。

做事要合法

我常常跟很多人讲这个道理：要在中国做企业，绝对不能违法。也许会有人怂恿你："没有什么，怕什么，出事找我好了。"这话其实并不可靠，因为一旦出了事就没有人帮你。

任何一个人，不管是公务人员也好，还是在企业工作的也好，碰到问题，一定要看一看相关的法律条文。但是，我们的法令多半会有弹性，首先因为中国文字本身就很有弹性，再加上制定法规、法令的人也知道如果法规、法令没有弹性，根本执行不通。面对这种情形，我们又该怎么办呢？

有位老师刚从美国回国，满脑子都是"守法"。他去监考，学生作弊，他就把学生送到校长那里去，学校就要求学生退学，这位老师很不以为然："早知道学校要他退学，我根本就不送到校长这里来，我送他干什么？作弊有好几种啊，是我抓得特别严（你看每位老师都说自己抓得特别严），他稍微一动我就把他抓出来，学校就办退学，这不公平啊！"因为是他把学生送来的，他又念念不忘，然后就去替学生求情。

这是多有意思的场面，这位老师有多被动？所以，我们就只好规定，凡是考试作弊者要看当时的状况给予退学、记过、口头批评教育等处分。大家想想，这不是等于没有规定吗？因为弹性太大了。

企业要招聘一名大学毕业生当会计，人事部门要把有关会计的规定拿出来，然后进行口试、甄选。我们常常碰到的难题是：前来应聘的人总说自己什么都可以做，然而一进企业你会发现他什么都不会。因为学校没有规范化，同样一门课十个老师教不同的内容，这样也可，那样也行。而在西方，只要你修过这门课，就一定要学透基本的东西。中国有些学校不是这样的，课程、名称都随便定，老师随便教，然后随便给成绩，学生出去随便混。你以为很可笑吗？但这确实是存在的。我不认为这样做很丢脸，因为我们有自己的一套。

在中国，要做到全部规格化，到底可不可以呢？我们要设想一下。

开车有一套制度，驾车者必须要保持行车距离。可是你一拉开距离，第二辆车马上就插到你前面去了，你再拉开距离，又有一辆车插到你前面去了，你的车就根本开不动了。很显然，在我国，车子这么多，却无法保持行车的安全距离。

所以，有些西方人一直说中国人开车不守规矩。西方人开车只要打方向灯，他人就知道你要换车道，就会减速，保持一定的安全距离，让你很轻松地开过去。有些中国人则相反，你不打方向灯，他还不会怎么样；你一打方向灯，他知道你要到他前面去，他就拼命按喇叭、加速，就是不让你过去。

我们要面对这样的现实，不要唱高调。我们在拓宽马路时的想法是：马路拓得越宽，就会越畅通无阻。然而情况却刚好相反：马路拓得越宽，交通却越拥挤。全城最宽的马路，就是交通最拥挤的地方。因为大家都去挤，就堵死了。

我们定的制度要让人们乖乖地服从，不服从的人会吃亏，这样的制度就有效了。

一个人无论做什么事情，要先动脑筋：我这样做合法不合法？但是，合法或者不合法，只是做事初步的检验而已。

遇事要变通

有这样一种人，他们有这样一种心态：一切照规定办。这是一种不负责任的、无所作为的心态。这种人是毫不用心的人，而且我们也很不喜欢这样的人。

这样的人要他干什么？其实，规定之外还有很多事情要做，因为法令、规定只是底线。你不违法，但还是有很多事情可以做，而你却没有做，这就是无所作为或者叫作不作为。比如，这张桌子摆在这里不好，你既不能拆掉也不能扔掉，但是可以把它调整一下位置。只知法令，不知变通，是无所作为。

中国人最讨厌公事公办、动不动就拿法令来吓唬老百姓的人：规定不行就不行。尤其是人事部门，我们任何企业的人事部门，只要一切照规定办，你就得不到干部、员工的支持，得不到任何部门的配合。

所以，我希望大家一定要有法的观念，但是用法时要动脑筋：怎么样在法定许可的范围之内做？我送给大家四个字，叫作"合情合理"。

一个西方人到一家商店，他一定要看这家商店几点钟开门。很多商店都是10点开门，他一看手表现在只有9点半，怎么办？有两个选择：一个是等，等到10点，于是就去排队；第二种是不等。

而中国人既不会排队也不会走，因为我们脑瓜子很"灵光"：

走了等会儿还得回来,多花力气,干脆直接去敲门。对此,外国人很不理解,他们经常问我:"商场规定写得那么清楚,你们都不看吗?"我告诉他们:"谁都会看,但谁也都知道照样敲门啊!"敲门干吗?"有没有人啊?我要买东西。"

这就叫作"法的范围之内的变通"。

我也用这样的问题来考很多业务人员:商店规定10点开门,客人9点40到了,你要不要把东西卖给他?你卖给他,是违规;你不卖给他,客人走了,你对得起公司吗?好不容易来客人了,你却把人赶走了。

如果我是店员,我就用中国式的处理方式:

情景一:

店员:"你这么早来,是不是有急事啊?"

客人:"是啊,不然我这么早来干吗?"

店员:"那你看看你喜欢哪一件呢?我帮你留意啊!"

通过聊天,店员就把客人留住了。留到10点把东西卖给他,同时又没有违规。

情景二:

客人:"我实在没有办法等,我要赶时间。"

店员:"没有关系,我去找我们主任。"

店员就跟主任去讲,然后让主任把东西拿到外面去卖给他。

这样做也没有违规——商店营业时间还是10点,这样做是场外交易,又没有妨碍谁,为什么不能?店员这么做才是尽心尽力。

我认为,只要你不违法,只要你不伤害别人,一切都是可以变通的。但是,如果今天商场是限时销售而且还限量,像上面那样做就不可以了，要有先来后到，大家按照次序，谁都不能先动。我们刚才讲的不是这种情况，那叫作变通。

也许有人会说，既然有规定，店员也不遵守，顾客也不遵守，这个规定不就没用了吗？

其实，这要看是对哪种公司而言。大公司的铁门一关，10点才开，大家没有话讲，你非按照规定不可。如果这家公司不够大，规模很小，希望等着客人来，那你定10点营业有什么意思呢？所以，对大公司来讲，10点是标准作业时间，而对小企业、小店来讲，那叫作参考时间。

这就是我们所讲的"合情合理"。

那么，大公司需要不需要变通呢？回答是：当然需要，只是大公司可以在其他方面变通。比如说，有客人头天晚上打电话来说，实在没有办法，事情很急，一定要在明天一早就来。店员可以把他带出去，在外面交易，然后进店报账。这种情况是被允许的。

不能变通，要求得理解

我们上面讲的是可以变通的例子，如果遇到一些没有办法变通的事情，我们又该怎么办呢？

遇到这种情形，一定要跟对方说明，自己实在为难，已经想尽办法了。在这种非常情况下，一定要讲究诚意，表达出诚意了，就很容易得到对方的谅解。

我们还讲同样的案例。

这个店员平常都可以变通，突然有那么一次他跟你讲："平常我都给你方便，因为你是老客户，你照顾我，我给你方便。但是今天正好我们总管理处有人在，他死盯着就是这块，我今天不方便，你一定要谅解。"客人最后一定讲："没有关系，不要让你为难。"

中国人是很好商量的。讲到合情合理时，大家都很能理解。你不能刁难他，你刁难他，他就不高兴了。所以，有时候我们觉得有理就可以理直气壮。这是不对的。很多店员都理直气壮，不是客客气气的，客人就不买他们的账。

部属不可自主变通

如果下级碰到了一些需要变通的事情，是不是可以自己做主去变通呢？

我认为，下级不可以自己做主变通，因为其想法跟上司经常是不一样的。

所以，你是部属，即使要变通，也要请示你的主管，要向他告知你的想法：法令规定是这样的，但是在目前这种状况下，能不能通融一下……部属要这样说："那这样，我请他来直接跟您谈。"看法不同是常态，变通必须要求得上司的理解和同意，人情留给上司做。把人情让给上司，让他们去变通，他们就无从怪你。

假如部属简单化，认为上级同意变通是给自己面子，就变通了，上司就会觉得这个人不够意思——把人情拉到自己身上来了，对上司有什么好处？

部属应该这样说："好，您同意，我让他来跟您谈，人情您做，我不要做。"

上司："不用搞得这么复杂。"

部属："一定是这样的。"

出去就告诉对方："这是我们主管通融的，我是不可以的。"

于是，上司就很赏识这样的部属，以后就会很放心地让他去做事。

做让上司放心的部属

如果是很急的事情，此时需要变通，也许来不及跟上级请示，部属该怎么办呢？

即使如此，部属事后还要去报告。我希望大家树立一个观念：大小事情都要让你的顶头上司知道，你这样做他会非常放心。你有时间先报告，没有时间，可以先斩后奏。但即便先斩后奏也一定要"奏"，否则自己就要被"斩"了。

做事、做人，要让老板放心。我们的老板普遍是不放心的，用一个老板很有趣的说法就是："我放心，怎么不放心？我最放心了，只是我放不下心而已。"

所以，中国人上下级的关系非常密切，要得到顶头上司的赏识，你一定要跟他处好，只要处不好，你越有能力，"死"得越快。

有很多人总是想不通：为什么自己有能力，可是一表现就"死"得快？一个可能是你处理问题的方式过于简单；一个是你有能力，没有把低档次的上级放在眼里。总之，你的上级对你不放心，很有可能不是不放心你做事，而是不放心你做人。因此，你要检讨自己，不要责怪别人。

合理合法，还要考虑可能产生的后遗症

合理合法也会有问题

有时候可能各项条件都具备了——合理也合法，也向上级请示过了，但是变通总是存在着一定的隐患。也就是说，即使按照规定做了，也不是一定没有问题的。

老板："你为什么这样做？"

部属："我都是按照规定做的。"

老板："你明知道规定是死的，人才是活的，你放着活人不用，却去迁就那些死的东西，你存的什么心？"

这就是按照规定挨骂，不按照规定也挨骂的事例。这是普遍的现象。

员工们要问：作为员工来讲，我是按照规定来做风险更小，还是多变通一些风险更小呢？

我认为，多变通一些风险会更小。中国人是善变的，天下事没有一样是不能变通的，这才是中国管理哲学。而不变通实际上就是刁难！

所以，在谈判时，只要有人告诉你法令规定这样，你就要动脑筋：他是不是要回扣？果然回扣一送他就变通了。有些中国人办事情是很清楚的，一切照规定就是暗示要送回扣、要送红包。在此我也提醒大家，生意人的红包少拿，他给你10万元，你将来要背50万元的债。他不会那么干脆送给你10万元，他送给你10万元却要你担待50万元的责任。因为生意人是很会打算盘的，他

不会平白无故地给你 10 万元——没有那样的商人。

另外，在法令许可的范围之内，你才会合情合理，如果超出法定范围，坚决不要干。

在合理的框架之内变通

既然"天下事没有一样是不能变通的"，那么，我们应该怎么变？其实，我们是在一定的框架范围内变，规矩是方，变通是圆，在考虑事情时是外方内圆，处理事情时则是外圆内方。一方面是法、理、情，另一方面是情、理、法，这样就完全吻合了。

其实说起来只是简单的八个字："外方内圆，外圆内方。"但是要想把它做好，是一辈子的修炼！

刚开始这样做的确很难，但是它值得去学，值得修炼。起初难，往后会越来越容易、越来越轻松。年轻的时候多受一点折磨，年纪越大越轻松；年轻的时候日子很好过，往往年纪越大越难过。

人生好像两杯酒，一杯苦的，一杯甜的，不过看你怎么喝而已。有的人先把甜酒喝光了，后面统统是苦酒；有人先把苦酒喝光了，他后半辈子就都剩下喝甜酒了。我建议年轻人先喝苦酒，苦酒有限，喝完就完了，后面的甜酒很甜，就好像倒吃甘蔗，人生就很有味道。

"谋定而后动"，实际上是讲了一些做人的道理，而且有很多的人生哲理，其中提到了一个如何与自己的上司相处的问题。这可能是每一个员工都感觉非常新鲜、非常有趣的一个问题，而即便是一个层次很高的人，依然会被他人钳制。在工作中，每个人都会有自己的上级，如何与自己的上级友好相处呢？

第八章 做好上级交办的事情

八

搞ж上级关系的要领

我们处在社会这个链条中，每个人都是其中的一环。每个人都有上级，也都有部属。怎样与上级搞好关系，是我们每个人都关心的问题，它非常现实，也有其奥妙。同时，它也是人性管理中非常重要的问题。

与上级交往的第一条：不能拍马屁

与上司相处，首要的一条是不能拍马屁，因为在中国，没有一个人是靠拍马屁成功的。也许有人会有疑问：很多拍马屁的人都过得很好啊？我想说，那是我们看错了。

我问过近百位老总："你喜欢用拍马屁的干部吗？"他们会马上板起脸："你看看我是那种人吗？只要有哪个干部被我发现在拍马屁，我马上干掉他，因为我迟早会被他害死！"显然，中国的老总没有一个喜欢用拍马屁的干部。

我再问干部："你喜欢拍老总的马屁吗？"他们的脸都很难看："我拍什么马屁？我工作做好了就行了，我为什么要拍马屁？"

学术界的人士都说中国有"马屁文化"，我觉得很奇怪，因为如果你去问问，去作一下调查就会很清楚！

当然了，谁拍马屁也不可能承认，但其实也不完全是这种情况。

甲、乙、丙三个年轻人跪在大法师面前要求剃度当和尚。

大法师出来问："你为什么要来当和尚？"

甲说："我爸爸要我来的。"

大法师当头一棒就打了下去:"这么重大的事情自己不决定,你爸爸叫你来,你就真的来了,将来你后悔怎么办?"

对于甲的回答,大法师讲的话是对的。

大法师再问乙:"你为什么要来当和尚?"

乙一听甲说"爸爸要我来"会挨打,就说:"我自己要来的。"

这下大法师打得更凶:"这么重大的事情,不跟你爸爸商量就来了,你爸爸向我要儿子怎么办?"

对于乙的回答,大法师讲的话也对。

大法师再问丙:"你为什么要来当和尚?"

丙吓得一句话都不敢讲。

大法师用了全身力气打下去:"这么重大的事情想都不想就来。"

这才是中国社会。

如果你是第四个人,面对这样的问题,你怎么回答?

有人会这样回答:"我受佛祖的感应。"言外之意是,你敢打我吗?我把佛祖搬出来了。结果大法师两只手就打下去了。为什么?他完全没有面子了——修行了几十年,佛祖都没有给他感应;你还没修行,佛祖就给你感应了,看你头破不破?

这其实是个笑话。

年轻人真的要动一动脑筋。其实,这个问题只有一个答案,没有第二个——"我受到大法师的感召"。因为这句话讲到对方的心里去了。所以,什么叫中国式沟通?就是讲到对方"打"不下去,讲到对方没辙。

有人会问,大法师会不会说:"让你拍马屁!"啪!又打一下？肯定不会。因为这不叫作拍马屁，这叫作"马屁味道"。中国人擅长制造马屁味道，很多人也都喜欢马屁味道，而实际上却真的很讨厌马屁精。

那么，是否可以这样理解：有些事情要做，但不要把它当成是拍马屁呢？不是这样的。我认为，还是要看动机，看看你是否存心拍马屁。

我还必须说明的是，中国人是无法讨好的，因为中国人太敏感。

中国人的警觉性非常高，而某些警觉性高的人，他们的疑心也是非常重的。有两个小女生，只要看到一个大男生从外面笑着过来，其中一个女生马上会对另一个女生说："大老远就在笑，你要小心啊，他不怀好意！"外国人碰到这种事，会认为他只是笑笑而已，而中国人就会提高警惕。

还是上面的例子，如果说那个大法师警觉性很高的话，年轻人回答说"是大法师感召我来的"，还会挨棒子，怎么办？

在我看来如果是这样，那个人就没有资格当大法师了。但我认为，面对大法师的提问，很完整的回答是这样的："我受大法师的感召，我爸爸也同意了，我自己也考虑过，而且好像佛祖也有这个意思。"完完整整地回答，他的棒子怎么都打不下去。

上级交办的事情要接受

一个人跟对方讲话只有一个诀窍，就是要讲到对方听得进去。所以，跟上司交往最重要的是要记住一条：上司永远是对的。但是，如果行不通怎么办？

太简单了（我升迁很快，就是因为我懂这个），我的老板叫我去死，我就说"好"，因为他永远是对的嘛！我也拿这个考我的学生：如果你的老板叫你去死，你会怎么反应呢？70%的人这样回答："我回头叫他去死！"这种人谁敢用啊？所以，我统统给他们零分。他们很不服气："老师，你的答案是什么？"我说："我讲给你做参考。太简单了，我会说'好，我去死'，然后不去死不就好了嘛！太轻松了。"

学生们就问："但是，如果老板发现你没有去死，会不会说你不听他的话呢？"

我给大家举了以下这个例子：

乾隆皇帝对刘墉说："你去死！"那个时候君叫臣死，臣不得不死，可刘墉照样没有死。

刘墉领旨后就开始动脑筋怎样才能不死，于是他把自己泡在水里面，泡得全身都湿透了，然后又出去见乾隆。

乾隆："我叫你去死，你居然敢不去死！"

刘墉："我去死了。"

乾隆："你骗我，你去死了，怎么又回来了？"

刘墉："我去死，被一个人骂回来了。"

乾隆："被谁骂回来了？"

刘墉："屈原。屈原说，他是碰到了坏皇帝才自杀的，刘墉碰到这么好的皇帝好意思自杀吗？所以我就回来了！"

乾隆："回来就好。"

为什么？刘墉讲的话马屁味道很足，但绝对不是拍马屁。

第八章　做好上级交办的事情

那么，可不可以理解成是刘墉比和珅拍马屁的艺术更高呢？我们不这样讲，我们并没有说刘墉拍马屁。我们前面讲过，要看讲话人的动机，要看他是否存心拍马屁。

对一个人而言，最要紧的是一个字："品"。三个口叫"品"，我们说这个人人品好，就是说有三个人说他好才算数，你自己说好不算数。所以，看过这个故事的人都说刘墉好，看到和珅就说他坏，即使和珅再怎么样会做事、再怎样头脑灵光，大家也都不喜欢他。因为看人的高低，西方人看专业，中国人看人品。

有人问，如果我的老板告诉我任何事情我都要说好，但真的有问题了，那该怎么办呢？

那就过10分钟、20分钟，再去告诉他有很多困难，他自然就会改变。这是一个绝妙的关键：千万不要去改变你的顶头上司，你要想办法让他自己改变，这样你就轻松了。因为上司自己改变会很有面子，你去改变他，他会很生气。

所以，正确的做法是：你明知道办不到，你也说好，回头再讲办不到，老板就会说"那我们改一改"。改了之后，跟你的想法一样，但你一句话都没有讲，只是推着老板在改变而已。

有些人只相信自己的东西，绝对不相信别人。但是，你所做的是启发，是向上启发。要和上司处得好，让他照顾你，但是你不能讨好他，这是最要紧的事情。你讨好他，他会把你当奴才，可是人不能做奴才。所以，很多干部到最后被主管当成奴才，自己也要检讨。中国人最妙，听话的被叫作奴才，不听话的被叫作叛逆。

做部属的要做到好像听话又好像不听话，说不听话又很听话，说听话又不听话。这样，上司才会喜欢你。这是个高明的技巧：在什么时候该听话。如果正好反了怎么办？这就需要我们做到外圆内方。

难以领命的事情不能做，也不能说

这是一个比较敏感的问题：上司叫部属去做违法的事情，怎么办？

我们的原则是：第一，不可以做；第二，不能说。

现在很多搞管理的人都说："你要勇敢地说出来！"我认为这是在害人。

外国人很轻松就讲"I love you"，中国人不说"我爱你"，这是最高智慧。外国人很好奇，问我："为什么这样？"我告诉他："我只要讲一次'I love you'，我就要讲一辈子，因为如果我哪一天不讲了，对方就会问'你已经不爱我了吗？'"更深一层的问题是：一个女人如果相信"我爱你"这句话，她就会经常受骗上当。所以，中国人从来不相信这句话，相信的是自己的感觉。

如果老板让部属做违法的事情，这个时候能不能勇敢地说出来呢？

我认为同样不能说。第一，你按老板的要求去做会坐牢；第二，你要是说出来就没有人敢用你，因为你是个"定时炸弹"。一个人要善意地理解自己的上司：他不知道这个是违法的，才会叫我去做，他不是故意的。这才是很好的部属。

所以，老板叫你做违法的事情，你不仅不要去做，而且也不要去说。你不说他不问，什么事情都没有了，这叫作不了了之。这是最简单、最聪明的做法。

研究实际情况，有问题提出来试试看

如果老板有意叫部属去做违法的事情，你不做，他自然就提高警觉：这个人不会做，就不要再去找他，叫别人做就好了。事情也就化解了。这就是我们曾经一再强调的大事化小、小事化了，化解问题于无形之中的道理。

如果老板问你："那件事怎么样了？"你不能告诉他那是非法的，因为他接受不了。你要说："正在找法定的依据。"这是一句话两面说。你到现在还没有找到依据，看他怎么回答，他是什么态度。

第一种情况。如果他说："没有找到法律依据，你不能做。"这就表示他是没有恶意的，只是不太了解情况。你要跟他说明："找是找到了，不过可能都跟我们的想法相抵触，真的去做就是违法了。但是，你如果叫我做，我还是会去做的。"你把话说得既婉转、又明白，他就会说："你可别开玩笑，千万不要做。"

就这样，事情虽然没有做，老板还是很愉快。说到底，违法的事你还是不会做，只是做人情给他，让面子给他而已！几次沟通下来，他到最后会赏识你的。

第二种情况。如果他说："不管有没有法定依据，你都要去做。"说明他是存心的。

对此，我们还要问个为什么。为什么每次违法的事情你的老板都叫你去做？就是因为你很习惯做这些事情。老板为什么不去找别人？因为老板叫别人做，别人不肯去做。

那么，老板的话到底对不对？

老板的话永远是对的。所以，有些事你如果做不到的话，一定要去跟他沟通，慢慢让他自己改变，千万不要去改变他。

有问题请上级拿主意

老板永远是对的。但我们还要帮助他不要做错误的决定，不要违法，不要得罪人，这是我们做人做事的基本出发点。

一个人的能力有限，而且能力也有大有小。如果说你确实办不了某件事情，要不要跟老板说呢？

我的答案是：你一定要告诉他，否则老板会生气。我的经验是：告诉他是上策。

"让老板自己改变主意，是不是非常难的事情呢？"做部属的人经常这样问我。我说："其实很容易，真的很容易。"

老板叫我去找甲再去找乙一起做事。我明知道甲、乙两人是死对头，但是不说破，我会说"好"。一会儿，我就会回来跟老板报告："糟糕了，他们两个在吵架，我都不知道怎么讲，我等等再去。"老板说："你还去干什么？这种情况你还去？找别人啊！"你看，他马上就改变了。

此时，你千万不要说："他们两个吵架，我就判断他们两个关系不好，所以我不找他们。"老板说："哪有这回事，他们吵是因为别的事情，你去找他们。"如此，你就完了。

向老板汇报，是要让老板了解情况，同时也要看看老板的反应。这样我们就能做到知己知彼，心中有数，掌握主动权。这样做，其实是我们在操控，而不是老板在操控——我们向来是占主导地位的。

也就是说，必要的时候使老板改变一下主意，适当地控制老板的反应。这一招不能用得太狠，也不要轻易使用。适可而止，人家会尊重你；你用得太狠，什么东西都算得很精，所有的人都会怕你。

所以，中国人不能精明，而要聪明，聪明就是不要外露，外露的叫作精明。为什么中国人都要装糊涂？越聪明的人越是要装糊涂，不聪明的人才会显示他很聪明，也是这个道理。什么叫作大智若愚、难得糊涂？就是这个道理。

察言观色，心中有数

我认为，在管理的过程中，要做到高层，就必须要有这个境界：什么事情一眼就看出来了。我认识很多高层人士，他们就是靠两只眼睛吃饭的。一个客户走进门来，他们就知道这个人会不会杀价；另一个客户进来，他们就知道这次会不会成交。但他们要表现出不知道，更不能说出来，因为如果让对方知道最后可以成交，就做不成这笔生意了。

当一个人出现在你面前时，已经把内心的决定透过眼睛显示出来了。这是孟子讲的话：看一个人要看他的眼睛，人的全身都会伪装，只有眼睛是真实的。眼睛为什么叫作"心灵之窗"？就是我们所有的内心活动都能透过眼睛诚实地表露出来。于是，我们才知道为什么中国人要修炼得两只眼睛麻木没有表情——老到的人的眼睛没有表情，有表情就泄露天机了。所以，职位越高的人，眼睛越没有表情，让你猜不透他在想什么。

我认为，把这些心理活动搞得清清楚楚，天下大局就在你胸中！

另一方面，我们对上司其实也是透明化的。

外国人的性情比较单一，他跟上级相处就比较容易；而在中国，跟上级相处时，难度就要大得多。

外国人很单纯地讲权利和义务，制度规定了向谁报告就向谁报告，不在乎他是什么样的人。中国不是，很多情况下，规定向谁报告，我们偏不，就要跟另外一个人报告——看你把我怎么样！

我们有些人的眼睛是一直往上看的，看上面这几个头儿哪一个最得老板的心，如果是甲，就向甲报告。尽管乙是他的顶头上司，他照样不理——不管对与错，只要对自己最有利。

有些人是这样的：即便有制度，他也不会找你报告，他自己会去找，而且找的人对他都很有利，大家还都说这样好。

第九章
部属工作做不好领导有责任

作为上级，在和部属相处中处于主动位置，所以，和谐的、互动的上下级关系，往往更多地取决于上级。作为上级，该如何与自己的部属相处呢？

指派工作是考验上级的能力

一个领导要部属做什么？是让他把工作做好。一个组织的各种活动实际上离不开工作，只要干部工作做不好，老板最伤脑筋；只要员工工作做不好，干部就急得要上吊。

部属事情做不好是谁的责任？是领导的责任，是因为领导指派工作不恰当。

就好像当老师的指定学生做作业一样。你指定的作业全班同学都不会做，你这个老师算什么？老师一定要会衡量学生的能力和时间，然后给他指定作业，这才是好老师。

主管也是一样，你用6个部属，就要对6个部属的能力、水平一清二楚，给甲挑50担，因为他能够挑50担；只给乙挑20担，因为他只能够挑20担。你不可能给他们同样的工作，否则就表示你不识人。对不同的人给予不同的任务，这叫作知人善任。如果一个上级有这样的认知，指派工作就比较慎重。

派活这件事是考验上司有没有领导能力的一个很重要的指标，要慎重。你分派的工作七派八错，结果搞得一团糟，最后你要扛这个责任，麻烦还是你的。这个人不喜欢说话，你偏要派他去沟通，这是自找死路；那个人很喜欢说话，你派他去谈判，还是死路一条——他一直说却不肯听。谈判的工作是先要沟通，然后再谈判，光说不听，能行吗？

指派工作要根据每个人的个性、习惯和能力进行综合考虑，这叫作量才适用。大材小用不行，小材大用也不行，一定要量才适用，才能体现出来领导的本领。

适当分派工作，还要跟踪指导

另外，上级指派工作后，一定要跟踪。现在许多管理过程都缺乏这个环节。

例如，你分派某人去蒸馒头，某人说"没问题呀"。然后他没有蒸，你也没有再过问，等到吃的时候，他会说："哈哈，我忘记了。"你能把他怎么样？

有的人从来不找其他理由，只说："啊，抱歉，忘记了。"一言以蔽之，那谁倒霉呢？当然是当干部的倒霉，大家饿肚子，你得担责任。你为什么不跟踪呢？"跟踪"是做好工作的一个重要环节。你派人去看看某人到底有没有在蒸馒头，有，就放心了；没有，就再找一个人去问他为什么不蒸。这是跟踪。

所谓"跟踪"，实际上是分派工作之后要去检查：这个部属有没有在蒸馒头，或者他蒸得对不对，发现问题要及时处理。

作为老板，不要直接去找当事人（直接去找，他受不了），要派人去告诉他应该怎么做。最后，还要嘱咐说"你不要说是我说的"，至于被派去的人怎么说，要自己斟酌。

第九章　部属工作做不好领导有责任

中国人交代"不要说是我说的"，是给对方面子，因为是听者要去说。至于要怎么说，听者需要自己调整，不要把说话人的话彻底传出去。因为自己的话被赤裸裸拿去传，中国人最生气不过。

中国人在沟通时有三句经典语，翻译成英文，没有一个人看得懂，而且是大笑话。第一句话："我告诉你，你就不要告诉别人"；第二句话更妙了："你如果要告诉别人，就不要说是我说的"；第三句话更绝："你如果告诉别人，又说是谁说的，我一定说我没说"。

明明是自己说的话，却不承认，而且还要反问："哪里说了？我会说这种话吗？你看清楚，我像那种人吗？"这是中国人很经典的一套心理。

其实，我们大家也经常碰到这种情况。中国人的逻辑是这样的：我告诉你，你不要告诉别人，你告诉别人你要自己负责。中国人一向如此，这是在告诉对方：你要自己去调整，调整到合适的度，说与不说你自己定；你要怎么说，所有责任你自己去负，不能赖在我头上。我认为这个逻辑很对，没有错。

把上级的话直接传给下级，这是最坏的干部；把下级的话直接传给上级，这也是最坏的干部。但是，按照西方的理论，是倡导这种做法的。

一个中层干部的职责本来就是上通下达，否则就是失职。但是上传下达，要有转折，不可以赤裸裸。干部应该有这种警惕性，应该明白事理。老板跟干部讲的话，如果干部赤裸裸地传给员工，员工来找老板，老板一定否认："是他听错了。"

老板和员工要好聚好散

在西方，如果要辞退员工，到星期五就直接告诉他下个星期不必上班了，所以星期五又被叫作"黑色的星期五"。而晚上两个人在超级市场见面时，可以做到"Hello, Hello"，像没事儿一样。

在中国，当老板的要开除员工，绝不会赤裸裸地把员工叫来，让他走人。其实，每一个老板都有权力开除员工，但是没有一个老板会去开除员工，他知道后遗症——麻烦。老板犯不着自己去做，只要把那个员工的顶头上司叫来就够了。

主管："甲很好呀，工作能力很强，责任心很强。"

老板沉下脸："真的是这样吗？"

主管："其实不是这样的，他是一团糟，这样不好，那样不对。"（中国人随时在变。老板脸色一变，主管也就跟着变了）

老板："原来你知道他有这么多坏处，我还以为你不知道，既然知道了，你留他干吗？叫他走，你不叫他走叫谁走呢。叫他走，但不要说是我说的。"

在中国，很少有老板敢轻易辞退员工的。有人会问："如果一个老板让他的部属去开除员工，那不就是把危险转嫁给这个干部了吗？"是这个意思，但结果是不是危险，还要看干部怎么做。

那么，作为一个中层干部，是否应该背负这个风险呢？按道理说，干部的一个重要的作用，就是替老板承担一些责任，或者说替老板挨骂。但是，现在太多的干部是不背负这些的，他会偷偷地对员工说："不是我不要你，是老板叫我开除你。"要我说，这种干部完全没有良心。

干部的正确做法其实也很简单：

干部："你现在对工作满意吗？"

员工："很满意。"

干部："你觉得满意，但是有人对你不满意。"

员工："谁呀？"

干部："我也不知道，我只是听说，而且是最近才听说的。你如果觉得你满意，那为什么人家对你不满意啊？"

这位员工就开始讲原因了。

干部："既然有这么多事情，你还觉得你对工作满意吗？"

员工："我不满意。"

干部："那不满意没有关系啊，我给你调一个部门就好了。"

员工："我不要。"

如果无论干部怎么说他还是"不要"，那怎么办呀？他就会说："那我干脆辞职算了。"

干部："那怎么可以辞职，大家在一起好好的，怎么可以辞职呢？"

员工："不行，我非辞职不可。"

第二天他就辞职了。

中国人是这样的，你越留他，他跑得越快；你一同意，他就翻脸。我劝告过很多老板，你的干部向你辞职，绝对不要批准太快，那样的话他完全没有面子，想留都留不住了。

一家公司的人员流动很快，老板很着急，就请我去了解一下情况。我到那儿只用了半天，就跟他讲："只有一个原因，员工辞职你批准得太快了，所以大家都走光了。"因为这家企业的员工跟我讲:"早上才辞职,下午就批准,那不就是等我们走、逼着我们走吗?干脆走了算了。"

因此,老板们一定要记住:好聚一定要好散。如果不想要一个员工,你一定要留他,留到他自己走,让他很有面子地离开,你就是成功的;让他没有面子地离开,老板就被动了——他会到处给你搞破坏。结果就是:员工要整老板,比老板整员工还快。

部属工作做不好:"不能"?"不为"?

部属做不好工作,老板不想开除他,而是希望他做好。在这种情况下,身为领导该怎么做?

孟子讲得好:一个人做不好,有两种状况,一种叫作"不能也",一种叫作"不为也"。

如果一个人真的不能干,很容易,去训练他、培训他就可以了。但是,他能干却不做,"不是不能也,而是不为也"。原因有三:第一,不肯做;第二,不敢做;第三,不愿意做。作为领导,要具体分析一下原因,如果他心不甘、情不愿,你把他怎么样?

我看到过这样的干部,他平常穿得整整齐齐,一听到有外宾来,他就换拖鞋,搞得乱七八糟。我问他为什么,他说:"我是给老板看的。"有人问:"难道你就不怕被老板开除吗?"这位干部自信地说:"他敢开我吗?来吧,我就等他来逼我的时候跟他算账呢!"

的确,老板也真的不敢开除他。

事实上,要少得罪中国人,不要讨好中国人,这样是对的;

讨好是讨好不了的，得罪也是得罪不起的。

"不为"的原因

员工不做事有几种情况：不肯做，不敢做，不愿做。作为领导，如何判断到底是哪种情况呢？

很简单，如果他平时工作做得很好，而此时不做，就是不愿做。

我们一定要分析一下他为什么不情愿做。第一，他可能觉得委屈；第二，可能是做了半天，却连一个口头的奖励都没有。中国人很有意思，你奖励他，他会说不需要奖励；你不奖励他，又要说为什么没有奖励。

因为中国人的特性是相当矛盾的，叫作阴阳合一体。西方人很单纯，用"有没有信用"就把人分开来了。但是不少中国人，有时候很有信用，有时候却很没有信用，你无法区分。你不让我做，我就是要做；你要让我做，我偏不做。这就是一部分中国人的特性。

当上司发现这个员工不愿意做工作时，要分析一下原因，看看是激励机制不够，还是有其他的原因。

一般情况下，除了激励机制不够以外，中国人最在乎的就是自己在他人心目中的位置，在乎自己在他人心目中有什么分量。这是外国人始终没有办法了解的。最典型的事例是男女情侣吵架。吵到最后，女孩子哭起来的时候一定讲一句话："我到现在才知道，原来你的心里根本没有我。"言下之意是，没送钻戒没有关系，看不起也没有关系，穿得不够体面也没有关系，但你心中没有她就不行。

安抚好能干、耍大牌的部属

一个很能干的人，很在乎老板心中有没有他，只要发现老板心中没有他，他就不干了。敢这样做的人都是有两下子的，俗话说，没有三两三，谁敢上梁山！结果就是三个字——"拖死狗"：不辞职、不做事情、你讲什么就是不听。而你要开除他，所有人都觉得开除这么能干的人会影响员工的情绪，令你为难。

事实上，越能干的人越喜欢耍大牌。手下有这么一个人，作为老板该怎么收服他？该如何让他心甘情愿来给你干活呢？这也是考验老板水平的时候。

如果我是领导，我会到所谓"大牌"的人家里去看他。我一到他家，他全家人都紧张："你看，搞到老板都来，可见你平常不守本分。"家里人会给他压力。但我一定说"没有什么事"，而我越讲没有事，他就会越紧张。

对这样的部属，我会拍着他的肩膀说："我告诉你，我不会看错的，我知道我们这个团队所有的人里面属你最可靠，属你最有能力。我不会看走眼，你不要以为我不会看人。但是，我如果捧你的话，所有的人都要打击你，你会划不来。所以，我会在众人面前贬你，但是私底下会捧你。我现在让你选择，你是让我在公开场合捧你，还是让我在公开场合贬你？"部属说："最好贬我，我比较安全。"我会说："那不好意思。"第二天怎么样呢？他一定好好干，干得比谁都好。这就叫作"请将不如激将"。

如果老板以这种态度到部属家里去，部属肯定是肝脑涂地，什么都肯干了。其实这种做法是有传统的，刘备三顾茅庐就是很好的例子。

这样做不仅需要一种技巧、一种方法，更需要一种胸怀。而作为领导，胸怀要很宽广，一定要舍得让部属表现。

现在到部属家里去的老板比较少，我认为这样的老板会失去很多。作为老板，你应该到部属家里去，这样做就等于把人事部门放到他家里面——有人替你天天看着他了，比什么都管用。另外，一个老板去看部属，他全家人都会感动，也会给他以压力的。

这就是我们所讲的制度外运作，也就是我们之前讲的有好制度，还需要"软件"配合。

不过，这种"拍肩膀"的方法虽然"惠而不费"，却不能常用。适当的情况下，还是要给部属加薪的，10次"拍肩膀"，要有1次加薪才有用；10次"拍肩膀"都没有加薪，到第11次再去拍的时候，他会痛的——少来这套。这时，你的办法就没有用了。

一个好的领导，是这样用人的：精神一定要配合物质，不能嘴巴讲讲就算了；但是物质是无底洞，也不能常常给物质。所以，有时候我们"拍肩膀"是很管用的。

但是，我也提醒各位：部属千万不要去拍上司的肩膀。

第十章
正确处理部属越级报告

第九章我们探讨了上级对待部属问题的一些普遍原则和做法，但有些上司还会遇到一些比较棘手的情况，比如部属越级向上级报告自己的不是或者其他情况。作为上司，遇到这种事情该怎么处理呢？

越级报告为非常态，不是常态

越级报告是职场中非常常见的现象，但并不是好现象。之所以出现这种情况，多半是因为上下级之间的沟通渠道不畅，它是一个非常态，而不是常态（如图10-1所示）。

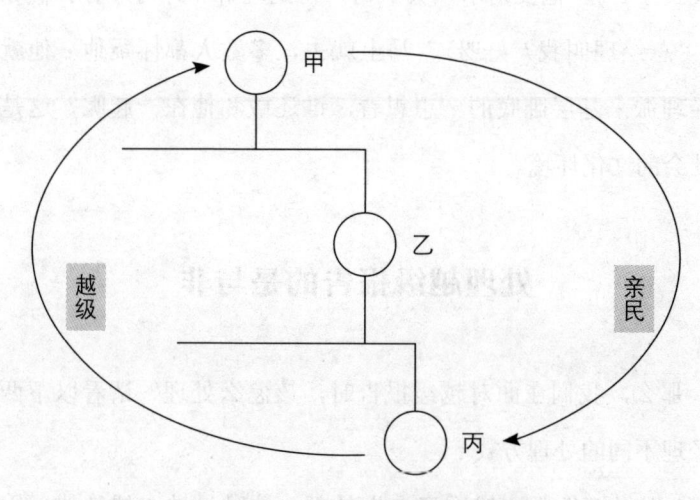

图10-1 甲、乙、丙三层级关系图

甲、乙、丙是三个层级，甲是总经理或者老板，乙是中层干部，丙为基层人员。

甲如果直接去找丙，在中国人看来没有问题，这叫作亲民。

而在西方这也叫越级：照理说，甲应该只找乙，乙才能找丙。

如果丙直接找甲，我们把它叫作越级报告。总经理随时可以找全公司的任何人，没有什么层级观念，也不需要层级观念。可是，底下的人一定要层层向上汇报，必须走这个过程。只要你越级，所有人都会怀疑你。

所以，丙一般不会主动去找甲。原因是，丙如果直接去找甲，所有人都怀疑他去打小报告——要不然他怎么会去？丙到甲的办公室去，一定是甲要找他，否则他不会去。

如果甲找丙，丙一定要事先向他的顶头上司乙报告："总经理是怎么回事呀，他应该找你，怎么找我？到底有什么事，你交代我我才去。"他要请示顶头上司，得到理解和许可才行。假如他说："总经理叫我？好呀。"马上就去，多数人都怀疑他：他就是总经理派来基层卧底的。想想看，谁还敢和他在一起呢？这是中国社会的文化环境。

处理越级报告的是与非

那么，我们在面对越级报告时，该怎么处理？请看以下两位总经理不同的处理方式：

A很仔细地听，然后亲自去处理。这种做法大错特错。因为以后所有干部都没法做事了，一是没机会说话，二是没机会做事——总经理自己就做了。

B听了报告说："丙，你去告诉乙，不要告诉我，按照层级来。"这种做法也是大错特错。因为丙有沟通障碍，不得已才找

第十章 正确处理部属越级报告

总经理报告。而只要你不许可部属越级报告,每一个主管都会一手遮天,垄断了所有沟通渠道,总经理就被束之高阁而内情不通,如此,公司是要出乱子的。

为什么这样做也不对,那样做也不对?因为我们就是这种矛盾统一的民族,这就是我们的思维方式、我们的哲理。

那么,面对这种情形,领导该怎么办呢?他山之石可以攻玉。让我们先来看一下西方人的做法。

西方人要么就是层层皆知,谁都不可以例外;要么就是开一个公开听证会,让所有人都来抱怨。日本人会开辟出一个房间,把老板扎成稻草人放在房间里,然后让受了委屈的员工去打——只要发泄出来,他就开始好好工作了。

这在中国行不通。每个民族都有自己的生存之道,不要去学,学也学不来。中国人的心理是这样的:只要总经理亲自处理了越级上报的事情,干部统统心灰意冷——没有做错事,总经理坐"直通车",要干部做什么?于是,干部就开始讨好员工,久而久之整个公司就会被搞垮。

我当秘书时,经常会把在公司里看见的事情报告给老板,其实就是打小报告(一定要做,秘书不打小报告人家用你干什么)。中国的老板马上问:"谁说的?"而西方老板则会马上拿起电话叫那个人来,让他们当面对质,后果是:从此以后,部属什么都不向他报告了。

西方人可以做这种事情,有就有,没有就没有;而中国人只要把事情暴露出去,就再没有人向你报告了。

认真倾听，但不必亲自处理

一个有智慧的领导面对越级报告时，要替打小报告的人保密。现在，有的领导常常把打小报告的人透露出去，这是不对的。就如同一个盗匪来抢劫，旁边有人看到就去报警，结果警方不小心泄露了举报人的信息，举报人就被盗匪杀害了一样。

一个人肯打小报告，是冒着相当风险的。除去职场新人，一般情况下，很少有人会直接越级报告。正因为正常的渠道行不通，员工才会直接找老板（中国人并不喜欢越级报告，因为风险太大，搞不好会断送自己在公司的发展前途，他是出于无奈）。可能的情况是：丙讲了几次乙都没有回应，几次报告上面都漠然置之、无动于衷，丙迫不得已才越级向甲报告。

这时，领导唯一的办法就是替他保密，而且要认真、仔细地倾听，了解事情的来龙去脉。不过，有一点需要特别注意：尽管丙的出发点无可非议，但是其对于事情的说明毕竟属于一面之词。所以，领导对于越级报告不可全听。

同时，也无须亲自处理。亲自处理是费力不讨好，部属会心灰意冷。对越级报告，老板们不可以去处理，但是不能不知道，听完后要告诉丙："谢谢你告诉我，不过你还是要去告诉你的顶头上司，我会暗中监督他处理的。"

静观其变，无为而治

基层职员按照老板的吩咐向他的顶头上司报告之后，作为老

第十章 正确处理部属越级报告

板还应该怎么做呢?

我认为,老板要静观其变。此时,乙非找老板解释不可,他一定会找很多理由。老板一定要说:"没关系,你去处理好了,你处理事情向来都很有把握的,这种小事情还难得倒你吗?"老板一信任,乙就更加认真地做。如果老板一开始就指示乙应该这样、那样,没完没了,乙就会有抵触情绪。

也就是说,一个会做领导的人是这样的:好像什么事都没有做,但是其实什么事都做了。

在中国象棋里将和帅完全没有作为——老将不离开城,老帅也不离开城。所以,外国人对此很怀疑:这样的老将和老帅能当领导吗?我就问他:"将、帅都不厉害,什么比较厉害呀?"他说:"车、马、炮比较厉害啊。"我说:"好,这些厉害的车、马、炮,能为那么不厉害的将、帅而牺牲,谁更厉害呀?"显然,还是将、帅更厉害一些。

将、帅能以静制动,无为而治。所以,为什么孔子讲无为,道家也讲无为,有道理——无为是高度的智慧。

一讲到无为,很多人都很不以为然:我就是要大有为,怎么可以无为!而我以为,一个要大有为的人一定要先懂得无为,才会大有为。

《西游记》里面最能干的是孙悟空,但是孙悟空却不是领导。

有很多领导很能干,很有个性,我开玩笑地讲:"你很能干呀,你像孙悟空。"他们很高兴。我又说:"回去看看,你的干部统统是猪八戒。"他们就很不高兴。可是,过后他们会打电话给我说:"曾教授啊,你没讲我还真的没有注意,你一讲我回去注意看，果然我的干部统统是猪八戒。"

什么道理呢？因为只有猪八戒才会跟孙悟空。如果老板都像孙悟空那么能干，凡事亲自处理，人才就会统统跑光，留下的都是奴才，老板就累死了。很多人觉得，做得了孙悟空的老板才是好老板，可是为什么是唐玄奘当老板。

唐玄奘什么也不会，但他就是老板。孙悟空神通广大，一看见妖精就跟唐玄奘讲："师傅，这是妖怪，你要小心！"唐玄奘在其帮助下，顺利完成西天取经的任务。今天的情况就是这样。所以，老板要如何做好唐玄奘，干部如何做好孙悟空，这是我们要去研讨的问题。

认真与部属沟通

自己的部属越级向上级报告，作为中层干部应该怎么办？

越级报告是沟通不畅的结果，哪里堵塞了，哪里就要疏通。中层干部首先要反省，渠道畅通，大家共事就会愉快。

首先，要先检讨自己。我认为我们应该学孔子这一点：先检讨自己。自己一定有做得不好的地方，才会使别人这样——要是好好的，他为什么会这样？丙报告给自己就好了，为什么非要冒得罪自己这样的风险去越级汇报呢？

其次，一定要查出是哪位部属报告的，并询问原因。比如对丙说："是不是我哪里做得不够好？我有什么地方需要加强还请告诉我。"于是丙会告诉你，他是不得已的。你要诚恳地对他讲："没有关系，你以前讲了几次我都没有听清楚，但现在再讲给我听听,大家好好想想。"

部属越级报告,作为中层干部、主管,千万不要刁难丙。

当一个人碰到瓶颈时,唯一的办法就是面对这个事实,认真想办法去突破,而不是在那儿发脾气、耍权威、摆脸色给人家看。当你做了什么不好的事情时,一定要冷静地面对,去改变,去克服。你有诚意改正错误,你的部属就会慢慢地回心转意与你和好。

人非圣贤,孰能无过?错了不要后悔,也不要骂人。错了,要冷静地想一想,自己一定有什么做得不对的地方;也不必给他人道歉,好好地跟对方谈,自然我们会找到一个共同点,大家一起来努力解决问题。老板自然就很赏识你,部属也自然就很佩服你,将来大家共事就很愉快。

事情得到妥善解决后,是否会给基层的员工造成错觉,认为以后的事情不必找中层干部,直接找老板就好了呢?很多中层干部都会有这样的担心。

其实,这不是实际的情况。中国人不喜欢惹事,迫不得已才会冒险。大家都喜欢走正常渠道,正常渠道不畅通的时候,才走非常渠道。既然正常渠道现在已经通了,就照常走好了,干吗去走非正常渠道呢?

作为中层干部,要让你的部属感觉到,你这儿的渠道是通的。做到你的部属肯和你沟通,你就成功了。部属如果不肯跟你沟通,你还要多多加用心,另外想办法。

怎么用心呢?很简单,就是要去照顾他,你照顾他,他就跟你沟通;你不照顾他,他就不理你,他也根本不需要理你。

有必要说明的是,西方人是有话就跟你讲,个别中国人的出发点就是有话也不跟你讲。这个很麻烦的。所以，学了西方那一套沟通方式，在中国社会也是行不通的；用西方那一套领导方法来领导中国人，也行不通。

所以，如果员工下班就走，都不跟你打个招呼，作为领导就应该知道，你在他心中已经没有地位了。

有人会问，如果部属有很多人的话，是不是要照顾到每一个人呢？

我认为是一样的道理。会当领导的人应该有这样的本领：所有部属不见面不打招呼不会下班。为什么？有突发事件时，他怕你找不到人。能做到这一点，你这个老板就成功了。有的老板跟我讲，自己永远是公司最早到的人，永远是公司最晚离开的人。为什么呢？那是他自己的问题。

如果按照这个逻辑往下推，一个老板能做到自己走了，部属还不走，那是不是就更高明了？什么事情都有度，适度才好。过分了就另有企图，老板就是要防那些不走的人有什么企图。因为那样做太过分了，一个过分认真的人，经常都是有不良企图的——往往是那些"忠心耿耿"的人最后出卖你，要小心。

各居其位，各自修炼，各安其所

越级报告这种情况，甲应该如何处理谈过了，乙应该怎么办也讲过了，再来看一下丙。

丙在什么样的情况下可以去越级报告呢？一定是多次沟通都没有成功，丙才可以越级报告，这样其他人才会理解和同情他。

第十章　正确处理部属越级报告

事实上，在甲、乙、丙这三个人当中，丙的风险最大。

我要是丙的话，既不会越级报告，也根本不会找我的顶头上司，因为我知道我的话他听不进去。我会找顶头上司的助理谈："你跟我们的老板比较接近，你知道什么时候讲，你也知道怎么讲，所以我现在把这个情况向你报告，你能讲就讲，不能讲就不要勉强。"他一定帮我去讲，因为他要表示他的能力。因为我通过他，就是给他面子，就是尊重他，他无论如何要帮助我跟老板讲通。如果我直接去找老板，助理就给我小鞋穿。

有经验的人知道，秘书、助理职位不高，但是千万不要看轻他。我是当过秘书的人，知道秘书为什么了不起——要整人太容易了。你跟他过不去，好，你的文件来了以后，他摆在那里，不替你传。等到老板心情非常恶劣的时候，他会传进去，老板马上叫你过去训话，他就高兴了——不把他放在眼里，你试试看！

所以，如果每次老板发脾气的时候总找你，就是你跟他的秘书处得不好，这是非常容易明白的事情。秘书要想帮你忙也很容易，他会等到老板心情很愉快时，把东西放在手上跟老板谈，谈到老板很高兴的时候再递上你的文件，老板马上签字。

不要小看秘书，不要小看助理，他能要你成也能要你败。所以，我们对办公室主任、总裁特别助理都要另眼相待，就是这个道理——他一招，你就死了。

所以，除了能力以外，决定一个人成败的因素实在是太多了。这就是命运的偶然性。你只要一点不注意，就会前功尽弃。你一定会觉得做人真是很麻烦、很累，其实不然。

我们再次重申一个原则：各个阶层的定位不一样，角色扮演不同，不能一概而论。基层的人要去磨炼自己的一套功夫，怎么样把基层工作做好；当干部的人一定要有一套功夫，怎么样承接上下；当老板的人，也要有一套功夫。这样，大家就会做得轻松愉快。

你越来越轻松、越来越快乐，就表明你的方法是对的；你越来越累、越来越紧张，就表明你的方法是错误的。

第十一章
上级越级指示部属要回应

在第十章中,我们通过一个图示,了解了基层员工丙越级向上级领导甲报告时,甲、乙、丙三方应该如何去处理。那么,甲如果越过丙的顶头上司乙,直接向丙做指示的时候,各方该如何来回应呢?

上下够不着，中间最难受

作为中层干部，上司越级指示你的部属，你最难受。

我们再仔细看一遍第十章的图10-1。面对这种情况，乙没有办法，虽然看不过去，也不可以去反对这件事情，因为反对后吃亏的一定是乙。

乙："哎，不对啊。你有事情应该找我才对，你怎么直接找到我的部属呢？"

甲："我怎么没找你，我找你了。你不在，不晓得跑到哪里去了。我不骂你是好事，你还讲什么？"

这时候，乙肯定很被动，永远是吃亏的。

不仅如此，乙还要承受另外的压力，就是甲直接找了丙后，他还会回头再问乙："那件事情怎么办呢？"如果乙反问："哪件事情？"甲会很生气："你什么都不知道啊？你当什么主管啊？"这就是最奇妙的地方。甲会直接去找丙指示，但是回头来问乙，考验考验乙的领导能力怎么样，是否掌握得住自己的部属——部属干什么，你是不是都知道。

乙是不可能避免这种状况的，所以一定要想办法去处理。

另外还有一种状况，其他部门经理也会直接找乙的部属。照理说，他们应该先知会乙："我要找你的部属（总要尊重乙一下），你同意我才去找他。"但是，实际上往往不是这样的。乙能有什么办法？乙没办法制止他们。

丙接到另一个部门经理的通知，他最关心什么？会是什么心态？丙最关心的是这两个人在大老板的心目当中，哪个人的分量比较重，而且他很快就可以了解到。也就是说，他要知道听谁的话对他来说最有利。

如果丙发现 A 经理最得老板器重，他也不必请调到 A 部门，直接花钱送一份礼给 A 经理——丙人在乙这里，心却在 A 那里。

所以，我们常常感觉到明明是自己的部属，怎么喊他就是不动；别人一招手他就跑过去了，而且跑得很快。你生气也没有用，谁叫你没有能力？

少怪别人，多反省自己，才是对的。我们的老祖宗曾子每天反省自己——一个人每天反省自己最有长进。

部门里出现了这样的情况，乙到底应该怎么办呢？

不抗议，不询问

作为乙，有必要想清楚的是：第一，你无法避免这种问题，所以，你不必抱怨，抱怨不能解决问题；第二，你不要去怀疑甲，因为甲不一定有什么恶意。中层干部既不可抱怨领导，也不可硬压下级，和婉的态度双方都受益。

甲可能是恶意的，是故意兜圈子，看看乙怎么办。但也有另

第十一章　上级越级指示部属要回应

一种可能，甲不是故意的，他真的是找了乙，乙不在，而他又很忙，没有办法等，就直接跟丙交代了，他心里想，丙应该会跟乙报告。可是丙不一定报告。问题还是在乙，乙要做到让丙愿意跟自己报告，乙就成功了。

假设乙把所有的部属叫来说："以后凡是大老板直接交办的事情要让我知道一下，不然我怎么当主管。"丙嘴上一定讲："是，是，是。"心里头还是不服气，他照样不报告。因为丙会想：你不如直接去问大老板好了，你干吗问我呢？这是表示你吃定我了，你不敢去问大老板，吃柿子专拣软的捏，我更不服气，我就是不理你。

所以，对待中国人，用强制的手段常常没有什么作用，我们是吃软不吃硬的。

夹在中间的乙对上、对下都是很无奈的，只有一个办法可以解决这样的问题：中国式的管理跟欧美、日本的管理都不一样，硬来，两败俱伤；用和婉的态度，两边都受益。

乙可以把部属找来说："老板比我大，他可以找我，当然可以找你们，没有错（这些话先把老板那边安稳住了，不要以为我在发牢骚，假如老板对我不利的时候，他一定会派人在旁边看看我有没有发牢骚，我要防到这一点）。以后凡是老板要你们做的事情，你们去做就是了，根本不用告诉我。因为你不告诉我，是要做的；告诉我，也是要做的。"

此时，部属们每个人心里都张开一张网：这个人怎么这样讲话呢？他们会有一种期待，希望乙给他们一些指示。

自行承接越级指示须自行负责

乙还应该接着这样说:"不过,我们话讲清楚,需要我负责的,你一定要告诉我,我到时候才会负责;不需要我负责的,千万不要告诉我。"

这样做的结果是:凡是甲直接找过的,每个人都会告诉乙,因为他们不愿意负责,他们干吗要负责呢?

乙要和丙达成共识:大老板交代丙的事情,丙告诉乙的,乙都替他担待。丙做得不好,乙担待;有什么不对,乙替丙弥补。假设丙没有告诉乙,其实乙也会知道——中国人是无所不知的。但是,乙会假装不知道,让丙自己去承受。一次教训以后,所有的人遇到这种情况,都会乖乖地告诉乙。

这叫作事先防范。关键就在于要让部属看清楚来找你的好处和不来找你的坏处。

这就是乙和丙的共识。乙并不要求丙把甲找他的事情统统告诉乙——中国人不可以要求,而且不必要求。因为有些是老板的机密事情,我们不需要知道。知道太多机密,对自己是非常不利的。

这里有个笑话:大老板走楼梯踩到香蕉皮滑下来,如果你看到了,你就是天底下最倒霉的人——将来所有人看他笑,他就会想,就是这小子讲出去的。碰到这种情况,你要假装看不到,假装不知道。

所以,我们要选不爱讲话的人做司机。因为老板去哪里、干什么,他都清楚:老板今天早上找了谁,去哪里喝茶,去哪里玩……这也是我们选择老板的机要人员的第一个条件。这个道理我们要慢慢去了解、体会——开关原理：开关就是阴阳，一阴一阳之道，该关的时候关，该开的时候开。所以，我们不必要求部属告诉自己，老板找他要做什么，需要时他会告诉你的。

教训与宽容并举

还有这样一种情况：丙一开始没有给乙报告，但是后来他自己处理不了了，再来找乙。乙该怎么办？

我的答案是：乙完全不要理丙，要装作不知道。还要对他说，如果你早让我知道的话，一定不会这样的。要让丙在那里难受，让他受尽折磨。

有人会问，丙现在已经有心来找乙，表示他已经投降了，乙为什么还要这样对待他呢？因为一个人到了有难的时候才去求救，没有人会理他。中国人讲的是平时多烧香，而不是临时抱佛脚。

可是丙在受了很多折磨后，已经来找乙了，乙还不帮他，大家会不会觉得乙记仇、小肚鸡肠呢？我认为，这就叫作善门难开。有些人会经不住丙的请求，这种人叫作滥好人。滥好人是最吃亏的。我常常觉得西方人的处理方式就不一样，只要对方一道歉，大家就接受了。对有些人来说，道歉是没有用的。我们得罪了一个人，专程去给他道歉："哎呀，那件事情对不起了。"他会怎么回答？他会说："你讲的是什么事啊？"他装迷糊："哎呀，这种事情我老早就忘记了，你还记在脑海里面干什么，忘掉它。"嘴上这么说，以后照样整你，跑不掉的——君子报仇三年还不晚。

所以，现在很多家长都在教小孩要学会道歉，我认为那是错的。中国人是未雨绸缪，事先都想得很周全，不留后遗症，也不需要道歉。

如果这种情况真的发生了，丙真的来找乙帮助，而乙要真的不管他的话，对其他的人会产生一种什么样的影响呢？表示的是什么呢？

对丙来说表示一种教训。如果大家也赞成乙的意见的话，那就是丙平常做人太差；如果大家觉得乙这样做对丙太残酷的话，他们会私底下来劝乙。

我国古时的将军带兵出去打仗，打败了回来，总司令会将他斩首。可是，哪里有打仗一定要胜的？他这么一斩，就看其他部将怎么做了。其他部将都认为该斩，没人求情，他就被斩了；其他部将统统跪下来求情，总司令会再衡量："好，这次看大家的面子，留你一条狗命。"他这样做是要留有余地。

我们做每一件事情都有用意，绝不能马虎——每一关、每一卡都有作用。你不理他，看看大家的反应怎么样。大家都在旁边看笑话，就说明丙平常为人有问题，今天自食其果，要好好反省；如果所有的人都说："哎呀，他本来是想跟你报告的，因为你那时候实在太忙，所以他才疏忽的。其实，我们也有责任呢，因为我们也知道，应该跟你报告的。"另外一个人说："是啊，我不知道他没有跟你报告，要不然我就跟你报告了。"你就会说："好，既然大家都帮你忙，我这一次就帮你，不过没有下一次。"

对待中国人，该教训的时候不要手软，该宽容的时候不要吝啬。这个度很难掌握。你心一软，以后就没有办法带人；你太硬了,也不行。我们总是先柔后刚。中国人表面都很客气,其实内心相当绝情——狠起来的时候,旁人几乎没有办法。

所以,我们要做到不要让人家翻脸,因为,我们是承受不了那种后果的。

老板做事要留有余地

做任何事都要留有余地

那么,在什么情况下甲可以直接去找丙,而又不会得罪或者触怒乙呢?

我认为,甲只能偶尔做一下这种事情,目的也应该很明确:

第一,考验一下乙的反应能力。中国人都是这样的,平常多演练,遇到紧急的情况就不怕——心中有底。平常从来不演练,紧急的时候就会措手不及、束手无策。

那么,甲主要是检验乙什么方面呢?主要是检验乙的领导力够不够,能否掌握得住自己的部属。乙掌握得住,甲比较放心;掌握不住,甲就要加强管理了。

第二,故意让乙难堪。因为甲对有些事情不满意,可是又不能讲。中国人有个法则叫作"交浅不言深"——两个人交情不够,不能讲就不能讲,一讲就翻脸。

老板刚刚吃过饭,嘴巴上还有个饭粒。如果你说:"老板,你嘴上有饭粒。"他有两种反应(中国人就有阴阳两种反应):一是他很高兴,马上就把饭粒抹掉了,心里还要谢谢你提醒他,要不就难看了;二是他很不高兴,心想前几天才讲你几句,你就借故来给我出洋相啊，这关你什么事！这说明你跟他交情不够——关系不够就不能讲。

所以，我们讲话总是要看人。关系比较紧密，什么话都可以讲；关系不够硬，你怎么讲他就是不听。一切讲关系，关系到了，既可以开玩笑，有时也可以拍肩膀。我还碰到过这种情况，某人说："老兄，我今天下午要用 3 万块钱，你给我想想办法。"对方说："可以啊。"一般借钱哪有这样子的——他关系够了。"现在我自己没有，我去找人周转过来。"他不仅承接下来，还找人过来帮忙。如果你关系不够，再怎么开口，即使给他下跪也没有用。

所以，如果我是老板，对方是我的干部，我不能跟他搞得有裂痕。有一句话大家要放在脑海里面：做任何事情要考虑以后好不好见面，要留有余地。

要学会聆听言外之意

关系搞得不好，以后见面不好说话。有些话不好讲，但是有些闷在心里面的话还是要让对方知道的。

所以，甲就故意把乙摆一边，去找他的部属丙；乙还没有领悟过来，甲再把他摆在一边，再去找他的部属。这样，乙就知道这其中一定有什么问题，他就会去找老板的秘书打听出什么事了。秘书也要看乙平常对自己怎么样——对秘书不好，秘书就不会帮他去沟通，反而告诉乙"没事，不必太疑心，也不必想那么多"。乙的沟通渠道就被堵死了。

当听到别人讲风凉话的时候，乙就知道自己很惨了。别人会对乙讲，就是那件事情，你没有搞好。但他又不去帮助乙，乙自己就要想办法，去甲面前做一些补救，既不是道歉，也不是说明——说明没有用，道歉也没有用，要用实际行动让对方感觉到你的诚意。这是因为中国人不太听也不太相信人家的话，只是非常相信自己的感觉。

如果我是甲，感觉乙是为那件事情来表示歉意的，就放过他了，我会告诉他说："其实那件事情，你办不如丙办。我给你，你比较为难，你要转达也不是，你不转达，他们没有办法办，所以我干脆不难为你了。"这些都是面子上的话，只是告诉乙，好了，没事了。如此而已。所以，我们要学会听言外之意。

承接越级指示要慎重

作为丙，如果甲越过他的上级乙直接来找他，这时候他应该怎么办？

面对这种情况，丙要考虑，自己能不能负起全部的责任。否则到了痛苦不堪的时候，没有人能挽救自己。大老板直接来找丙，丙不要太高兴。很多人就有这个毛病——忘乎所以，想办法不让乙知道，搞到最后自己承担不了责任，结果很孤立。

其实甲直接找丙，是在害丙。因为第一，让丙在乙心中留下不好的印象；第二，同事也会嫉妒，怀疑丙用了什么不正当的手段巴结大老板甲。所以，很多不按照常理去办事的，要冒很大风险。

丙要好好去想一想：为什么甲会找你，甲找你是要给你的直接上司难堪的。丙一定要向乙报告，但报告时不能说："有一件事情,大概,我猜,大老板是有意给你难堪,所以找我。"因为讲这种话会起副作用,乙会想:"难堪就难堪嘛!甲有多大能耐,在找碴儿嘛。"丙一定要善意,要婉转,要持这种心态告诉乙:"刚才大老板是来找你的,正好你在忙,他交代我要向你报告。"这样做人人都圆满,所有人听了都很高兴。传到大老板耳朵里,他都会觉得丙这个人是好人。

即使老板没有说要告诉乙,丙也一定要这样说。因为丙这样说,老板很乐意接受,而且他会感谢你,因为你很会给他面子。假如你抱怨:"老板现在开始跟你有心结了,这种事情应该告诉你,他怎么告诉我了。"结果会如何?你可以试试看。

还有另外一种情况,丙如果觉得这件事情有关大老板的私密性,应另当别论。

小孩子要上学,很多家长就开始打听哪所学校比较好,想办法把小孩的户籍转到好学校所在的那个地区去。所以常常会出现这样的情况,一家里面却"住"了二十几个小孩。老板的小儿子要到丙所在小区附近的学校读书,因为这所学校比较好,他就直接找到丙。丙就要想到,这种事情要张扬吗?应该张扬吗?一张扬大老板就恨死丙了。

对待平行同事的越位指示要留心

与乙平行的干部没有通过乙直接找乙的部属时,乙应该怎样做?

一般情况下,平行单位是可以沟通的,但是你要照会一下主管乙："老兄，我有一件事情想请你帮忙。"经过他允许后，直接找丙谈就好了。

可是，如果你不照会乙，直接去找丙，而乙又很敏感的话，他就会起疑心：丙是不是对方派来卧底的（因为部门之间毕竟还是竞争状态）？丙既然是卧底的，那我就给他很多假情报，让他当双面间谍。

假定问题已经有那么严重，部属已经身在曹营心在汉，怎么办呢？乙可以和他的左右手说："哎，我想把他调到这个单位去。"这是暗示丙：既然那么热心，干脆过去就好了嘛，以后别在我这个部门了。

对平行同事的越位指示，主管不能说不闻不问，不闻不问会助长这股歪风——任何事情有风吹草动，而你却完全不处理，就是表示你鼓励这样做，你赞成这样做。但是，也不能很凶狠地去制止，因为制止没有效果。老子讲过一句话：狂风暴雨是不长久的。风如果吹得很激烈，往往两个小时就过去了，只有那种和风才会吹一整天。自然界和社会生活都是同理，中国人讲和为贵、和气生财，就是这个道理。

其实，让丙给其他人透漏假情报的目的是警告他，不要太明显；通过左右手警告他，表示你已经知道这个情况。

人在职场，完全不怕，这是不可能的。第一个，怕丢掉工作；第二个，怕被冷落；第三个，怕挤不到部门核心里面去。这就是人在职场的心态。只要被排出核心之外，人们就受不了，而身为领导，我们就要深谙部属的"三怕"心理。

第十二章
向上级报告应择时机

我们每个人每天都处在上下级的关系当中，在经意与不经意之间都在处理着这种关系，虽看似平常，但是实际上这其中还有很多的学问。我们每个人不仅是上级，而且首先是下级，要经常汇报、请示工作。向上级汇报是在职场中奋斗的每个人所经历过并且还要继续经历的事情。如何做到向上级报告时，更主动、更有效果？应该怎样表达？应该注意些什么原则呢？

尊重领导

讲到上下级，就离不开上下级关系，这是上下级之间第一重要的问题。但是目前在讨论这一问题时存在着一个误区，因此，我首先要提醒各位，中国人没有"人际关系"这种概念。西方人的著作中所说的"人际关系"，在中国是行不通的。

在中国，人与人之间的关系是伦理关系。而我们所讲的人际关系是，我跟你平等——彼此平等才有人际关系。而在中国，谁跟谁都不平等。试想一下，你跟你的老板平等吗？因为讲伦理，老板没有坐下，谁敢坐下？谁先坐下，谁的前途就没有了。老板坐下还要经理、主管……按次序坐下。假如你排位在最后却先坐下去，别人会笑话你，其实就是指责你。

最常见、最明显的例子就是在宴会上吃鱼，没有人敢轻易地去动鱼头。鱼一端上来，一下夹走鱼头的人就完全没有前途了，因为他没大没小，没上没下。很多人不知道这个轻重利害。鱼头怎么没有人吃？鱼头最补——"逢头三分补"，可就是没有人敢动它。

中国社会是伦理社会，不可以没大没小。所以，我们只有伦理关系，没有人际关系。因此，我们首先要做好自我修养，对自己的老板要绝对做到礼让三分，起码要让他三分。任何人不能跟他平起平坐，也不可能和他平起平坐。这是第一个要确立的法则。

带着方案去请示

我们要确立的第二个观念是，不可以问上级问题。因为问他问题，就等于把责任推给他。"经理，这件事情要怎么做？"所有当主管的都心知肚明：你厉害，你聪明，你用请示来推卸责任，要你这种人干吗？所以，我们拿着问题去请示，老板心里很不高兴，他一定会说："样样事情都问我，我去问谁？我要你们这一帮人难道只是吃饭的！"

那么，是不是不管有什么问题都不能问呢？什么情况下才可以问呢？

现在做部属的遇到问题都在问，因为作为部属不能不问，你不去问，上级就认为你擅作主张。我们不能误解了这个问题。中国人永远是左右兼顾——部属问他不高兴，不问他还是不高兴。在职场中，有经验的人是身受其苦，一些搞专业技术的人，在这些问题上也往往是力不从心、无法应对。

我有几十年在职场积累的经验，我认为，遇事需要请示时先要说明：现在有一件事情，状况是这样的……然后再看主管要不要听下去。

第一种情况：他根本就不想听，表示他知道，就不用再啰唆什么，他不讲话是给你面子。

第十二章 向上级报告应择时机

第二种情况：他完全没有反应，就表示他都知道了，你也没有必要再说下去了。

第三种情况：他会看着你，很专心地听，就表示他不知道，或者他已经知道但还想听你怎么说（这就是为什么我们强调讲话的时候要看对方的眼睛，因为你可以看出对方心里的想法）。这时，你就接着说你跟某某研讨过，结果是这样的，但是不敢决定，所以提出来请示。

这样做，主管会非常高兴，因为你有腹案。有答案不行，因为答案不是你做，而是主管给。这个原则大家要掌握——带着腹案请示上级是向上报告的重要原则。

接下来，主管一定会问："你觉得怎么样比较好？"

很显然，没有一个人喜欢伤脑筋。干部整天让老板伤脑筋，要干部干什么？设身处地想想，一个人好不容易熬到领导的位置，他是坐轿子的人。坐轿子的人在里面是要闭目养神的，坐在轿子里面还一会儿一个事儿，坐一会儿就要下来，干脆不要坐了。旁边抬轿子的要抬得让他很安心，这才叫作好干部。如果抬轿子的一直问，现在要向右拐还是向左拐，坐轿子的不停地看，当老板的就完全不像老板了。

一个人不可以不劳而获，但是一定要坐享其成。我们一生的努力就是要坐享其成，但是绝对不可以不劳而获。二者并不矛盾。你可以坐享其成，你因为是劳动很久累积的。积累这么多的经验，一有风吹草动，你根本不用动脑筋就知道如何处理，当然可以坐享其成了。部属的一动一静，你都清楚了，这样做大老板才有意思。

如果我是主管，我不允许部属空着脑袋来向我请示。空着脑袋表示你没有尽责任。你的方案怎么样，把方案给我，让我判断，可以；你空着脑袋来找我，叫我伤脑筋，免谈。每个老板都是这种想法。

所以，作为部属，一定要设身处地替老板着想。遇到问题要了解现状，然后有腹案，带着腹案去让老板作决定。

报告要分三段讲

讲话不可以一口气讲完，凡是一口气讲完的人，都是惹人厌烦的人。这样的人大家都会笑话他，他一出现，所有人都不再讲话了——怕跟他讲话。

一个人如果不能训练到3分钟内把要点说完，这个人就没有沟通能力。经常开会的人都知道，只要一个人的报告超过10分钟，所有人就都不想听了。说话简明扼要，这点非常重要。向上报告，不仅要尊重上司，还要简明扼要。

报告可以分三段。第一段说完，如果上司不想听了，后面就不必讲了，不必浪费时间；如果上司要继续听，就说第二段；上司还要继续听，再说第三段。最后，上司会请你留下来研究，因为他感到此事重大了。

一个部属要做到让老板说"请你坐下"，那他就是公司里分量最重的人；还没说完话，老板就说"去、去、去"，这是最倒霉的部属。

一个部属要想做到在向上级做报告的时候完全心中有数，就要拿出自己的腹案来，在事前做大量的调研和组织工作。这才是好部属，才是能干的部属。

一个好的部属要做到既让老板不操心，又要很尊重老板，这两者缺一不可。部属让老板操心，老板就觉得部属不管用；而部属不尊重老板，老板就觉得部属功高震主，就准备把部属"干掉"。所以，当"副手"也很难。

发生分歧要调整

常常有这种情况，部属准备的解决方案与老板心目当中可能产生的方案有出入，这种情况下部属该怎么办呢？

一个会当领导的人，不会让其他人知道他心里想什么，这才是有水平的领导。"我们想到的都很有限"这句话非常重要。真正好的答案，常常是我们没有想到的那一个。我们所想到的方案基本上不能完全解决问题，这是人类思维的局限性所致。

我们常常安于现状，常常把自己的经验拿出来，常常把所见所闻总结起来，以为就是这样了，其实不是。因为内外环境变动，同样的问题，每一次都会有不同的答案。所以，你是部属，只要你胸有成竹，就会受到局限；你是老板，只要你赞成部属的想法，就会受到局限。

所以说，成为一个最高的真正决策者，不那么简单，他平时的表现基本就定案了。

在前面的论述中我们曾经说过，不是部属喜欢拍马屁，而是部属不喜欢逆老板的意——你同意就好了，反正是你又不是我负责，我干吗要操心？这才是部属的真实想法。

如果我当老板，部属讲什么，我的脸上都没有什么表情。我会进一步跟他讲："你再想想看，还有没有更好的办法。"想不出来没有关系，"回去再找别人研究一下"，就是要让所有人都去想。想到下午5点要下班了，还好，明天还有一点儿时间，晚上再想想。就这样，部属们晚上也不敢不想，一定不睡觉加班思考。

这就要看一个人会不会充分利用人的"资源"。换言之，人是宝藏，人是天底下最好的宝藏。一个老板要有这样的度量和能力：凡是跟着自己的人，有责任把他们的宝藏都开发出来。这才叫作会用人。

从部属的角度看，如果老板对你的方案没有表示赞成，你一定要再想。实在没有更好的办法就实话实说，这叫作尽忠截至。什么叫作截至？就是你的智慧统统出来了，只能想到这里。老板就会再问别人，各种意见互相碰撞就会撞出火花来，这才是最好的决策。

所以，为什么中国人能推就推，能拖就拖，只要有时间就不要早作决定？这里面是有智慧的。决定太快，后面的变数谁来负责？中国人常说"到时候再看"，就是说到时候所有变数都被自己掌握了，就能够作决定了。今天晚上决定，这件事情由某人主打，大家都没事做了。晚上12点还做不完，明天你找谁主打？所以，很多人讲办事要快、快、快，我却不这样看。

也许有些人会讲，有些事情到时候再决定可能来不及。这里强调的是"到时"，这个"时"很重要，有时间能拖就拖，没有时间就当机立断。

报告要择时、择机，点到为止

报告是否是领导所需要的，是否能引起领导的重视，取决于你报告的态度、叙述方式以及报告所选择的时间、地点等一些需要审时度势的因素。

向上级报告，注意时机

老板打电话给部属："你来一下。"部属就去了，突然发现老板房间里有客人，此时部属一句话也不要讲，因为你搞不清楚，这位客人是在老板的计划之内，还是在其计划之外的。

所以，作为一个部属要安分一点。到了老板那里，先跟客人打声招呼，不要自我介绍（不要透漏自己的身份，因为老板还有可能叫你赶快走）。然后站在那边，如果老板让你讲话，他自然会叫你，不必急于表现。

如果老板说："哎，你去倒杯茶来。"那你就要提高警惕：怎么会，这里有人倒茶啊？于是你一定要说："是，是，是。"然后去倒茶，完事就先回去了。因为这是老板在暗示你赶快回去。

所以，很多人经常会误解老板。老板很辛苦，他要权衡大局，他要考虑未来，他是千变万化的。如果部属老觉得那是糟蹋人，大老远地把自己叫来倒茶，这个部属就不懂得识大体，这种人根本就不够资格当干部。所以，如果一个部属头脑不灵光的话，用他的人很痛苦——他不体会老板的苦衷。而我们宁可与很聪明的人吵架，也不愿意跟愚蠢的人讲话。这是中国人的个性。

向上级报告事情会伤害到你的同事，怎么办

常常有些部属向上级报告后坐立不安——如果老板什么时候告诉了那位同事，自己就倒霉了。

口出狂言或者祸从口出，都是自找的。可是有些事情我们又不能不报告，不报告老板会骂，但报告了却对自己最不利。

有经验的部属报告时会这样跟老板讲："这件事情，我跟某人谈的结果，他有一点意见，不过我相信他只是现在这样想，很快会改变的。"你要替对方圆一圆场，不要出卖任何同事，这是报告的一个原则。如果你出卖他，他会报仇，不会放过你的。

如果他明明不对，你又不能不报告，应该怎么办呢？

我认为，要轻描淡写，点到为止。你要对老板说："他目前有一种想法，不过相信他很快会改过来的，目前的想法也许有他的道理。"说到这里，你还要看老板的脸色怎么样，老板是不是支持他的想法。但是，真正会当老板的，都不会表现出来——让你摸不着头脑。

你要报告到好像没有报告一样，提示到好像没有提示到一样。既尽到了做部属的责任，也没有伤害同事。即便是将来同事听到了，你也可以坦然地面对他，你又没说他不好，他改是他的事，不改也是他的事，你不必担心什么。

主动去向老板汇报需要注意什么问题

此时，最简便易行而且有效的方式是跟老板的助理打个招呼："我现在要找老板，报告某件事情方不方便？"你要尊重他一下，听他的意见。如果他说："你现在最好不要进去，老板正在生气。"你一定要感谢他，这样他才会通风报信。

助理搭出的桥梁很好走，他会提醒你："你最好不要报告，因为这件事情人家已经先说了。"那你就换一种方式报告。我们中国的领导一般有好几条线，他不会单线流动。他要放好几条线，把从各方面听来的信息作一个综合判断。

如果你更聪明一点儿，把事情委托给助理，让他看机会合适就替你报告一下。他一定会想办法替你争取。

那么，我们怎样才能确定老板的助理会尽心尽力地帮我们做事情呢？做事情要试一试。先用那种无关紧要的事情拜托他，试一下。试到很灵光的时候，表示你们关系不错了，而平常你又没有得罪过他，就可以再行托付。

中国人真是很讲关系的。你越相信他，他越尽心尽力；你越怀疑他，他越给你耍花样。可是，不能马上就相信对方。我们对上、对下也是一个道理：不能太快相信，也不能不相信。

部属不主动去找老板是对的

做部属的，不到万不得已时是不太愿意主动去找老板的，好像大家都有些畏上的情绪。

其实，我们要做到让老板找你，而不要你总去找他。怎么样才能做到让老板找你，这是学问。一个人总去找老板，烦都烦死了。他看着你问："你来干吗？"你会很难堪，如果你说自己有重要事情，他心里会想，重要事情还轮得到你吗？要做到老板非找你不可，你就有前途。天天去巴结老板，天天跟着老板走，你反而没有前途。

　　我们一生的前途在哪里？在开会。你想，平常大老板怎么会注意到你？他根本不会注意到你。可是开会没办法，他必须坐在那里，坐在那里没事干了，只好看每一个人，这是老板会注意到你的唯一时机，你一定要抓住机会好好表现。可是你一表现，你的顶头上司就会打击你，还是很冒险，可是你又不能不冒这个险。

　　一个人要把握住开会的机会，要表现到让老板对你印象很好，但是你的上级不会打击你。老板事后会找你，只要找过几次，你的上级就习惯了。一有事老板就想到你，你就变成红人了。

第十三章
少向部属作指示

管理是一门具有高度智慧的艺术，是一门极为深奥的科学。

当老板的要少发脾气、少作指示，虽然这是很难的。十个老板八个坏脾气。这不仅是因为他们有权力发脾气，也因为他们的确很操心。但是，身为上司、老板的人要少发脾气，对发脾气要做"火性管理"。

事情没有到最后关头的时候，不要急于作决定，要放开让大家想出更多的不同意见，这没有坏处。养成大家多动脑筋的习惯，对老板是非常有好处的。

少作指示，要借用别人的智慧

我对老板的第一个建议是，少骂人。不是说不骂人，因为那是很难做到的。

一个老板是否有权力发脾气，这并不重要，这是个性问题——没有个性很难当成大老板。我所认识的很多大老板在我面前都很客气，都很温和，但我是不会上当的，我知道因为他已经骂够了，在我面前才会这么和气。这是平衡。凡是在外面脾气很好的，回到公司，脾气都不是很好。一般都是这个规律，所以我们要谅解他。

身为上司、老板，应少发脾气，对发脾气要做"火性管理"。老板脾气很坏，老骂干部，干部被你气死了，你的肝也硬化了，最后就同归于尽了！

想少发脾气怎么办？就要少作指示。这个是很难的，因为很多人都喜欢发布指示。但是这样真的很不好，因为你所知道的虽然很多，却也还是有限的。

东西方两位大圣人有一句共同的名言："我是无知的。"孔子一再说自己无知，苏格拉底也说："自己唯一知道的事情就是我一无所知。"我们的头脑是有局限性的，要不然为什么要借用人家的头脑呢？一个人要成功，往往要懂得借用别人的资金、借用别人的智慧。

凡是成功的人，都很少说话。老板一说话，所有人就都按照他的话去做；老板不说话，所有的人都说话，老板就有很多的选择，对自己非常有利。所以，一个经常作指示的人，就限定了自己的部属——不太会动脑筋。一个很有主见、很果断、随时有主意的人，他的部属统统脑袋空空：第一，部属想了没有用；第二，部属一想就挨骂，不说不挨骂，说的跟老板不一样就挨骂。最后，部属不再想也不再说，干脆让出整个舞台来，让老板一个人去表演——唱独角戏。

如果一家公司的人才慢慢地外流，就等于得了经营上的癌症。所以，大老板要让部属们表现，而不是自我表现。无为，其实是你很有能力才可以讲无为，没有能力的人讲什么无为，那是糊涂！

老子最高的智慧是四个字：深藏不露。中国人并不是一下子就能接受深藏不露的观点的，心里认可，但是嘴上还死不承认。有的老板问我，如果讲深藏不露，有能力同没有能力不就是一样的了？此言差矣，没有能力，谈不上深藏不露，因为没有什么好藏的；有判断力、有选择力、有声望，才有资格深藏不露。

够分量、有能力、有智慧的人，才有资格讲深藏不露。而且中国人讲深藏不露就是要露，是站在不露的立场上来露，这样才不会乱露，才不会露到让人家看笑话。所以，主观上，他一定要胸有成竹。

深藏不露的意思是在该露的时候才露,这个注解非常重要。应该露的时候你不露,人家就看不起你;不应该露的时候乱露,人家就会看笑话。有很多主管的形象在自己的部属心目当中简直是个笑话,这是他们自己的责任。

提出问题,让部属制定方案

我也当过很长时间的主管,我年轻的时候也常常被搞得焦头烂额,因为我不懂得管理的奥妙。所以,我奉劝年轻的主管,要学一学如何当主管。

人不是天生就会当主管的,像我在39岁以前根本就是稀里糊涂的,却偏偏让我当主管,把我累得半死,几乎没命了。直到39岁那一年,我才领悟到,我这样做是既糟蹋自己,也不尊重部属。所以,我就开始不给部属任何答案,不作任何指示。我也才逐渐注意到:很多人对上级的指示最多尽力而为,应付应付、敷衍敷衍。因为你越要证明老板的指示是对的,自己越累;而你的证明让老板越有信心,什么事情都要加强了,部属就累惨了。

中国人很有特点,对老板的指示应付应付,他就不会那么强有力,可是对自己的承诺会全力以赴。我们要的是部属全力以赴,而不是尽力而为。所以很多人说,部属已经尽力了,我认为这是不对的,部属尽力只证明他是敷衍敷衍、应付应付,一定要全力以赴才好。

于是,我就领悟到了:老板自己讲没有用,部属只是听听而已,不会百分之百地相信。很少有人百分之百地按照老板的指示去做的，上有政策，下有对策。做到六七十分就够了，干吗勉强自己啊？这就是大部分人的心态。

我明白了这样一个道理：老板把自己的意见变成部属的意见，让他自己说，他一说，就是在承诺。老板还要进一步问部属："你说这样，你做得到吗？你未免理想太高了。"

部属一定会说："不会！我还可以。"

老板会继续说："你说得这么容易，我们的资源又不够，人员又有限……"

部属会说："没问题，没问题！"

而既然他承诺了就必须全力以赴。

总而言之，部属自己说的话，他要全力以赴；老板说的话，他不过是尽力而为。当老板的要让部属去动脑筋，要将思考成果变成他的承诺。一个老板要是有魄力，大家会尊重他；可是对内他不能有魄力，对内有魄力，他就只是动了自己的脑筋，其他人都不动脑筋。

所以，人是两面的，大家要看懂，不要会错意。也就是说，老板要让部属充分发挥他们的能力，制定出一些他们愿意去做的方案来。

集众人之智

作为领导，一定要养成一个习惯：一件事情最好有几个解决方案。以前我们都认为办法是唯一的，而现在我们知道了，解决问题的方案有好几个，而且最后的方案很可能是我们没有想出来的那一个。

当老板的为什么不作决定？不是犹豫不定。他会作决定，但是他会留下更多的时间。部属把方案说出来了，不要批判他——老板一批判，人们就知道老板不赞成这个方案，然后就不朝着这个方向去做——不要放弃任何可能。

老板和部属讲话，要面无表情——没有表情大家就猜不透，就会继续讲第二个、第三个、第四个方案；统统不要点评，只讲一句话："还有吗？"身为领导，不要否定前面的发言，也不要轻易赞成哪一个；要请没有讲话的人说看法，要动员大家，直到实在没有人再想出办法来。老板最要紧的是知道部属在想什么，而不是知道自己在想什么。

能集众人之智，才叫领导。如果大家讨论来讨论去还有不同意见，就要让大家再想想，第二天再拿到会上来讨论。

老板："昨天我们有这么几个答案，今天还有新的吗？"

部属："没有。"

老板："为什么没有啊，你们昨天没有想吗？"

部属："想了想，就这么几个。"

老板："好，就这几个，你们再想一想，哪个比较好。"

老板一定要让这些部属们思来想去，把所有智慧都发挥出来，然后再说："我们暂时就这样定了。"因为还有时间，你就可以拿这个去问问别人，看看还有没有什么好的想法。

老实讲，一个人总想一个问题，越想头脑越热，就越想不到解决方法。就好像你在家要找剪刀，偏偏什么都找到了，就是找不到剪刀。这是非常有趣的现象。同样的道理，我会对我的部属说："当你想不出新方法的时候,你就不要想了,转眼你就会有灵感。"而灵感往往是最妙的点子。

把指示放在腹中

老板要把自己的指示变成大家的共同意愿——是他自己选择的,他责无旁贷。不要让干部认为是听老板的话才去做的。

如果大家提出来的方案都不可行,唯独那个可行的方案是老板自己想到的(这种情况也有可能,但是,老板也要尽量避免自己讲),老板可以跟助理讲,暗示他为什么大家没有想到这些。助理一定会向外去讲——这就是中国人,你叫他不要去讲,他一定会去讲。讲出去了就有人提出来,老板再问大家:"这样行吗?"因为不知道是谁提出的,大家就不会盲目地拥护——只要有风吹草动让大家知道是老板提的,就会盲目地拥护。

我们要了解人性的弱点。老板一表态,大家都一致赞成,这不能怪他们;如果老板一表态,大部分人都不赞成,老板就很没面子,很丢脸。其实老板也很难做。提出来的事情,大家都不赞成,老板心里就会很郁闷、很伤心;当提出来的意见大家都拥护时,老板又很着急。因为这种情况下,根本就没有民主意识——根本听不到其他的意见,自己被封闭了。

让部属多动脑筋找出最佳方案

我们反复讲,一个问题会有很多方案,有好的,也有不好的。

可能你提出的这个方案是最好的，但未必这个就是正确的。

提出一个方案之后，老板要让大家分析这个方案的利弊在哪里，要虚怀若谷。你说不出所以然来，那就表示你没有好好去考虑。把每一个方案的利弊统统分析出来以后，老板大概就有基本方案了。这个方法非常科学。

所以，我们在没有决定之前，要广开言路，让所有人把意见都说出来；在决定以后，就必须很专制，谁都不许改。这才是老板。

事情没有到最后关头，希望老板不要作决定，要多放开，让大家想出更多不同的意见。这没有坏处，因为会养成大家多动脑筋的习惯，对自己也是非常有好处的。当把指示变成大家共同的意愿时，大家执行起来就会责无旁贷。就好像一个家庭一样，如果都是妈妈一个人操心，妈妈就老得非常快，而小孩子又不长进。如果家里面每个人都动脑筋，大家就比较愉快。

中层干部要学会承上启下

在很多情况下，老板的指示要通过中间阶层往下传。那么，中层干部应该如何给他们的下级作指示呢？

一般人只是把老板的话直接传下去，那不叫承上启下，那叫作出卖老板。

一个生产部门过一段时间要提高单位时间的劳动成果，原本1小时做6个，现在1小时要做7个或者8个才会产生效益。所以，老板决定放假过后，改成1小时做8个。他下了这个指示，你是生产科长，如果这样传达下去："各位，有件事情宣布。这次放长假大家好好休息休息，回来以后要抓紧时间了，因为，现在老板已经决定1小时做8个了。"必然会引来一片责骂声。

你这样做是在害老板、出卖老板，因为你说"这是老板的决定"，所以大家怨声载道，老板的脸色也会很难看。大家抱怨老板，你自己也会倒霉。如果我是老板，就不会用这种干部——连传达命令都不会。

如果我是生产科长的话，我会找一个比较资深的领班去处理这件事——所有的事情都要通过你的次一级的干部去做，这才叫领导。

生产科长会跟领班讲："我们现在1小时做几个？我都忘记了。"

领班："6个。"

生产科长："已经做到6个了，很不错了。那看有没有可能多做几个？"

领班不是皇帝，不会说绝对不可以，如果他说绝对不可以，生产科长要问问他"为什么不可以"。

领班："可以是可以，不能加太多了。"这样回答，十拿九稳。

生产科长："当然不能加太多了，加太多了，谁也不会干的，神仙都没有办法。"完全站在对方的立场，他不能抗拒。

领班："我看这样吧，最多做7个。"

生产科长眉毛皱一下，说："只能做7个吗？"

领班："我告诉你，最多做到8个，超过8个，谁也没有办法做了。"

生产科长："那当然了，多于8个谁做呢，那你说的7个有没有把握？"

领班："应该有。"

生产科长："再盘算盘算看，有没有问题？"

领班："没有问题。"

生产科长："那如果做8个呢？"

领班："稍微激励一下，用什么配套改变一下。"

生产科长："你再想一想，做8个会不会完全做不到？"

领班："还是可以做到的。"

生产科长："我去跟老板建议一下，说做8个是你的意见。"

领班很高兴，因为他有功劳，然后他会给所有的人加压。有人抱怨说他没有良心，他会说："你有没有良心，8个，我做给你看。"

老板就很愉快，因为干部会用人啊。这个原则跟老板的原则是一样的：把老板的指示变成下面主动的要求。但我们要用好好商量的办法，不可以用直接下命令的办法。

主管是否有把握领班就会这样说呢？如果做8个行得通，主管就会有把握，除非真的做不下来。领班不能接受，主管会跟老板反映，最多做7个，老板也会接受，因为你已经经过实证了。

老板最痛恨的就是：你没有去做就反对我，你对我有成见吗？你做做看，做不通再说嘛！能够设身处地，能够将心比心，你对所有的人和事就会一目了然，因为人同此心、心同此理。很多人就是太自我了。在中国社会，只要你的自我感太强，你的挫折感就会很大，所以要把自我减少。

保持紧急时发号施令的权力

在日常情况下，一个意见、一种方案可以经过反复讨论酝酿，如果出现一些突发情况，是否也可以拖一拖呢？

我们说深藏不露就是要露，就是紧急的时候露。你平时不指示，紧急的时候一发号施令，所有的人都知道：别啰唆，事情紧急，赶快做了再说。这就很有效。如果老板平时经常发号施令，到紧急情况时就完全没有效果了。中国人都有平常与紧急的概念，分得非常清楚：只要时间许可，一定不要急于下结论，让所有人多动脑筋，这叫作在工作当中培训干部；而时间一到，大家少啰唆，这样做，非常有魄力。

人一定是两面的，软弱的时候很软弱，但因为紧急时有魄力，所以大家不会认为你软弱。当你需要有魄力的时候，因为你平常很尊重大家，大家不会认为你很霸道。你平常很霸道，所有的人见到你都"敬着你"，你就变成暴君了（有的老板暴虐到看到他的人都不敢讲话的地步）。

我曾经在一家公司的会议室给员工们讲课，那间会议室密不透风，连一扇窗子都没有。我就问："为什么设计这个会议室的时候，不开扇窗子通通风啊？"

他们说："曾老师，我们哪里还敢开窗子啊？"

我感到很奇怪："为什么呢？"

他们说："老板脾气坏啊，他会骂到我们想跳楼，幸亏没有窗子，有窗子老早就有人跳下去了。"

这是否与我们前面讲的那些原则相违背呢？一点儿也不。我一再说，当老板要有佛心，可是不能避免老板发脾气，因为要求一个人十全十美是不可能的。

老板就是脾气坏，你要认定这一点，你要想办法让他对你不发脾气，而不是要求他有修养。

第十四章
善待平行同事

"现在的社会是竞争的社会"，这是西方的观念，现在在中国也很流行。我却不认同这个观点。

人类是互助的，不是竞争的。平行单位要相互配合、将心比心、互相体谅，就一定会协调。

怎样跟同级的同事相处？这其中也有一些很微妙的东西，我们要学会处理。

平行同事一般大

我认为，在上下级关系和平行关系中，处理对上的问题比较容易，因为我们多少会让他三分；对下也不难，因为他会让我们三分。有了这三分弹性就比较好相处。只有平行单位最难相处，因为大家都是一样大，谁也不怕谁，"来吧，要干什么？我怕你？！"平行单位经常本位主义很严重，炮口要对外谁都知道，但是对内却打得更凶。

有的老板对我讲，他的公司是数字化管理。我觉得很可笑——只要公司是用数字化管理的，内部的人一定笑里藏刀、貌合神离。中国人不管做什么事情，都讲求"德本财末"——品德才是根本，有钱没钱、赚不赚钱则是末端。我们最讨厌那种唯利是图的人，我们最讨厌那种昧着良心、一味想赚钱的商人，所以我们说"无商不奸"。

赚了钱是大家的。在中国，把人看得很重要，现在却让同事之间竞争，那么，大家就是敌人了。而对敌人是不能够有温情的，就要拼个你死我活了。

客户打电话来抱怨（公司接到这样的电话太多了），我们经常跟相关部门反映，但是没有用——因为是数字化管理。其实，数字是很重要的，但如果你只相信数据，你的干部就会用假数据来骗你。这很简单：只要你相信什么，他就用你相信的东西骗你。

如果你认为在上班时间很认真的人就是用心工作的人，所有的人就都会认真给你看。当你发现你的部属统统都坐在那里，每个人手上都有工作，看到你假装没有看到一样时，你要知道，他们统统是在作秀。人不可能千篇一律，主管走过去，有人在嘻嘻哈哈，有人在认真，这是真的；每个人都是一本正经的，他们在骗你——凡是百分之百的东西都是骗人的，要提高警惕。

参差不齐，那才是真相。《易经》即有"不平不陂，无往不复"的说法。海水永远都是起伏不平的，但是我们把它叫作水平面，应该叫作"水不平面"，这才是真相。

将心比心，互相体谅

这种本位主义的现象在平行的部门和同级的同事之间是存在的，而每个部门基本上都存在搞本位主义的现象。

财务部门只想自己的事，不想其他的——资金周转灵活就好，研发根本与自己无关。可是，研发不能受财务的限制，受财务的限制就不能顺利地展开研发工作了。生产部门讲生产，销售部门讲销售。营销人员多半穿西装、打领带，会带着客户到生产车间去。遇到这种场景，生产经理就不高兴了，你的钱比我们多，整天在那里喝酒、聊天，总是用客户的名义打压生产部门。于是，生产部门根本不配合，客户要求又能怎样？销售部门胳膊肘向外拐，只顾着客户，把生产部门的人当人吗？所以互相之间总是有隔阂，这是因为不懂得沟通。

营销人员一定要记住，去生产部门时把名片拿掉，套上工作服，跟生产工人一样，工人们就不会把你当异类了。如果客户批评你们的产品，你就站在生产部门的角度跟他辩解。

有时候某个产品确实有一点点问题，影响了销路，营销人员要怎么向客户解释呢？

首先要告诉客户，所有的产品在生产部门的努力之下，每天都有改进。有时候顾客的要求是很无理的，不必都去转述，要和生产部门商量改进，生产部门受到了尊重，就一定会努力改进。

中国人是这样的：你尊重他，他很讲理，很有度量；你压迫他，他就抗拒，不理你。为什么有的人经常蛮不讲理？就是因为他们没有面子。有的人一没有面子，就恼羞成怒，就蛮不讲理，就无法沟通。而这种结果都是你造成的。所以，平行单位最好是将心比心，站在对方的立场考虑问题。同事相处要善待，好处要分享，错处要担待。

有些人做事不看场合，总是当着老总的面协调事情。遇到这种情况，该怎么办呢？

甲是单位主管，乙也是单位主管。当着老总的面，甲说："张经理，你能不能帮个忙？我后天很忙，工作忙不过来，你派3个人来支援我一下吧。"

乙会说："这完全是笑话。"他不会当着老总的面说"没问题"。如果乙说"没有问题"，乙就惨了，给老总的印象是，乙的部门工作负荷不满，多3个人，老总就会把这个部门裁掉3

个人。于是乙会叫苦连天。

这是甲的错，不是乙的错。合理的方式应该是这样的：

甲等到老总离开以后才跟乙讲："我很忙，我也是不得已的，我尽量不打搅你，但是你不支援3个人给我帮忙，我就要跳楼了。"

乙很干脆："我支援你3个人。"（其实中国人是非常干脆的，是天底下最好商量的人）

事情过后，甲还会去跟老板解释，不要让老板误会乙的部门人多。甲说："这3个人平常都有很多事情干，乙实在是给我帮助，讲义气。将来我再怎么忙，只要他有难处，我晚上不睡觉都会帮他。"老板会很高兴地说："啊呀，你们都是为公司，了不起。"

一定要做到皆大欢喜才叫圆满，如果是一枝独秀，所有人都会攻击你。大家都是业务人员，你的业绩很好，可以挂在他人的名下，你就永远受到大家的欢迎；如果你一枝独秀，所有的人都想把你"干掉"。

这就是平行部门间、同级同事间要将心比心、互相体谅的道理。

同级之间要照顾

在同级之间还存在一个严重的问题。比如说，公司出现了一个空缺职位，每一个人都肯定要想办法表现——得让大家看到自己优秀才能得到提升啊。

中国人讲"小时了了，大未必佳"。刚进公司的时候，升迁很

第十四章　善待平行同事

快,到某一个层次,却永远没有升迁的机会了,这个人很可怜。进来的时候升得慢一点,以后快升,最后会升得很高。现实生活中,很少有那种一路上去很顺利的人。凡是在公司"坐电梯"上去的人,其实都很孤单;真正稳扎稳打地做到高层的人,是走"螺旋梯"上去的,会立于不败之地。

那么,一个人与同级的同事在一起工作的时候,要不要显得自己出色呢?

一个人要显得出色,就是会照顾别人;有能力照顾别人,说明你已经很出色了。这是两句话,也是两层不同的含义:

第一,你会照顾别人,说明你有思想、有意识,在现在流行竞争说法的环境里,能够多去顾及别人、顾及同事,你的境界就很高了——有大局观念,所以你就很出色。

第二,你有能力照顾别人,讲的是能力。同事之间做同样的事情,你不但自己可以做好,还有余力去照顾别人,说明你有能力。

有一句老话叫作"心有余而力不足",说的是一个人有帮助别人或者做较高层次的事情的想法和愿望,但能力却达不到。而一个会照顾别人又有能力照顾别人的人,是既有较高境界又有很强能力的人。难道这不是已经很出色、很优秀了吗?你很出色,离升迁还远吗?

一个人懂得识大体、顾大局,懂得关照其他人,他就初步具备了一些做领导的品性,就具备了一些升迁的条件。

标榜自己的人叫孤芳自赏。中国人要考虑提升一个人,不是很单纯地考虑他有没有能力,主要考虑的是他有没有领导的那种习性、特质。把一个单位交给一个把它领导得乱七八糟的人，那怎么行？领导要的是什么？要的是能够得到大家的心而不是个人的满足。

另外，一个人有没有升迁的希望，是由高层来决定的，不是由基层来决定的。高层一定按照自己的标准来选择，你的思维越靠近高层，你的机会就越多。所以，年轻人不能巴结，不能讨好，但是要顺应。如果一个人能够得到升迁的机会，一定是他有能力和同级同事相处，甚至是给同级的同事一些帮助。

要保证跟你打交道不会吃亏

同级也不一般高

常言道：老板给的好处，大家要一同分享。同样是经理，老板会特别尊重少数几位，不会一视同仁；同样是经理，老板一有事，就会想到某个人，而不是想到其他什么人；同样是经理，老板一开会，一定会问他有什么意见，而不会问其他人。

这个人实际上就是地下领袖——非组织的领袖，做到这一步其实也不难，只要有些事情你做到了，其他就很容易。

做到这一点，要看年龄、资历，要看声望。同样是各部门的主管，他们之间也有高低之分，不可能一般高，就像十指还不一般齐一样。一般来说，最后决定某件事时，老板都会问一个人，那个人是谁？财务经理。我们都有这样的经历，你讲的意见老板都很赞同，最后一问财务经理，他说，没有钱啊，这件事情就算了。

所以，你要做任何事情，要先去跟财务经理打交道，把财源找到，你才能讲话；你不考虑财源，天大的本领也没用——他一句话就把你整个儿否定了。

不让同事吃亏

另外，作为中层干部，要想跟平行的同事搞好关系，肯定是需要一些途径的，也需要有一些来由才好去做。

来由有很多。比如，只要得到奖金你就要赶快请客。外国人总是讲，奖金是我的事，干吗要请客？很显然，多数情况下，中国人的奖金根本是得不到的，如果你拿到奖金往口袋里一放，从此之后没有人理你。中国人的习惯是，你可以不请客，但是以后没有人理你，没有人帮你的忙。中国人就是这样，你没有拿到奖金，大家都帮你的忙；你一拿到奖金，大家就开始观望了，大家一冷落你，你就必须乖乖地拿出奖金请客——抓住机会联络感情，紧要关头人家才会帮你的忙。

太会算计的人在中国社会是没有什么地位的。其实不会算的人，才是真正地会算。把钱放在自己的口袋里，不如把钱放在所有同事的口袋里。这个叫作"广结善缘"——只要老板给你好处，一定要跟大家分享，不要独吞。这样做，所有的人都会拥护你。

能帮忙时尽量帮忙

老板鼓励你时，你不要真的以为是你自己努力的结果。如果你真的这样想，大家今后都不会去帮助你了。

也就是说，你的同级、同事想求得你的帮助时，你愿意帮他，也帮得很好，这是你跟同事搞好关系的一种方式。而且聪明的老板自然会知道这种情况，用不着你多说。我们常常把老板叫作我们的"头儿"，其实很形象。头最要紧的就是耳目，老板耳目多得很，你一动，就有耳目告诉他了。什么时候老板放心得已经可以不在你旁边放耳目了，你就可以放心地去做事了。

我常常跟很多老板讲，你有两只眼睛，有两只耳朵，但只有一张嘴，这是告诉你要少说话；你有两只耳朵，就是要听八面的；你有两只眼睛，就是要看四方上下，不是只看一面的。这样才是对的。把耳目塞住了，这个老板就不要当了。

同事之间要善待

我们经常听到有人抱怨说，跟同事处不好关系。一般来说，导致这种问题的原因有很多，需要引起重视。

不要太计较

"为什么要帮别人？顾自己就行了。"本位主义从哪里产生？就是主管的一句话，我听得太多了。

一个部门经理告诉所有科长：把自己的事情搞好，少管人家的闲事。这就是本位主义。本来各位科长都很热心地相互支援，这以后就不能去支援了，都是上边的人在搞鬼。对大家来说，公司就是公司，但是部门经理就有本位主义，而因为公司要考核他，所以是公司造成了他的本位主义。

所以，数字其实是没有人性的，我们要透过数字来管理，不可以实施数字化管理。这当中有很多奥妙，是有原则的。

得到好处要分享

假如你什么好处也没有得到，大家不会计较你；你一得到好处就要分享，大家都高兴。我们之所以老骂有钱人，是因为有钱人值得你骂。为富不仁，就是没有分一点给大家；为富而仁，所有的人都会赞美你。想想看，你舍不得那么一点点，一辈子被人骂，划得来吗？

要替各部门担待一些

某件事情做错了，老板在骂甲，乙说："其实这件事我也有错，我没有支援他。"这些话对乙没有伤害，但对甲有很多帮助。

也就是说，当别人有危难时，你不要隔岸观火，不要在旁边冷笑，你拉他一把，将来人家也会拉你一把。同样，有人摔到水沟里去，有好几个人去救他；而有人摔到水沟里去，大家都当作没有看到——无论哪一种情形，都是自己搞出来的。

要得到老板的信任

你只要得到老板的信任，所有的部门都会非常配合你。中国人聪明得很，他知道得罪你就是得罪老板，他得罪不起。你跋扈一点或者小心一点其实都无所谓，最要紧的是，不要讨好老板，不要拍马屁，但是要做到让他赏识你，这才叫作诸葛亮。

竞争：你看有则有，你看无则无

我们前面讲到要善待自己的同事，在职场奋斗的人会问：同事之间毕竟还是存在竞争关系的,我善待他,他好了,我自己会不会受到影响呢?

对于竞争,我是这样理解的:你脑海里有竞争,现实中就有竞争;你脑海里没有竞争,现实中就没有竞争。而且,我不认为世界上有什么竞争。

人类是互助而不是竞争的,既没有竞争,也不需要竞争,竞争是自己找罪受。同业可以联合,干吗竞争?你业绩做得好,照顾一下那些不如你的,留些饭给他们吃,不要赶尽杀绝,赶尽杀绝的结果是所有的人都对付你。

做产品时,甲做一部分,把另外一部分让给乙做,乙就可以生存,就不会搞什么鬼。如果甲大小通吃,别人就会跟甲进行价格竞争,非把甲拖垮不可。

价格竞争对大厂最不利,对小厂倒无所谓。所以说,大厂就是众矢之的,一定要小心。比如说,挖人一定会从大公司挖,不会去小公司挖——大家都是看准了大公司的人才的。大公司的人才经常被挖走,也很可怜。不要以为大公司就能留住人,一个小公司成立以后,常会把大公司的经理挖去当副总。

很多人总认为我是学哲学的,其实我是学管理的。如果管理的细节搞不清楚,就不会搞什么哲学——空口说白话没有根据。以科学做基础才可以去搞哲学,不然那个哲学是空中楼阁。但是,只懂得科学的人,抓不到根本的东西,整天在讲枝枝节节的事情。只有所有的细节我们都照顾到,才叫管理。

第十五章

指派新任务要量才适用

一家企业能否正常运转，要看它是否能不停地产生新的业务，这是一个重要的标志。

如果在一家企业当中没有增加人员，但是增加了新的任务，这个任务又一定要派下去让大家来做。在这种情况下，应该怎么去处理呢？

人员不增或少增，新的任务如何指派下去，让部属心甘情愿地领命而做？这就要考验中层干部的能力和水平了。

企业不断增加新任务

作为领导,想要知道公司的运营状态,其实很容易。

第一,人员没有增加,但是却不断地产生新的业务,企业运营很正常;

第二,人员没有增加,也没有产生新的业务——企业已经开始萎缩了;

第三,增加了新的业务,马上又要增加人——成本提高了。

很多老总没有读过什么书,企业照样运营得很好,因为他们有中国人的智慧,他们天生会当老板——看一下就知道了,不用问那么多!增加一件事情就要多一个人,还不如不增加呢。增产不增收是没有用的,因为用人是有成本的。

把一个人请进来,不但要给他提供薪酬、奖金,将来退休时还要照顾他。请来一个人干活还好,如果他不干活却总制造问题,那又何必请他呢?因为工作负荷不够的人,会成为麻烦制造者。所以,我们要么不请人,要请人就要给他足够的工作,他就不会动歪脑筋。

当老板的人要常常去看公司有没有新增加的业务,如果没有,就要问问研发单位在干什么；有了新的业务，就去问问人事部门有没有增加人，增加了什么样的人。而且，有人离职后要不要进人也不一定，我不太赞成补缺，也不赞成精减。为什么精减呢？精减有好处吗？凡是从人事成本上去打主意的人，就不能算一个好的经营者。增加新业务时，不能说完全不增加人，也不能说一定要增加人。为增加人而增加人，那是人事包袱；为降低成本而不增加人，那是虐待同事。

中层干部在接受老板指派的新任务时，是没有抗拒力的。越是基层人员，越有发脾气、拍桌子的权力；越往上走，越没有这个权力。一个工人拍桌子，第二天他照样来上班，没有事，老板不会计较；一个部门经理一拍桌子，第二天就不用来上班了。很多人自以为位子高了、权力大了，就无所顾忌了，其实更要小心。况且老板不会跟最基层的员工拍桌子，只会跟中层拍桌子。

所以，当一个部门经理接受老板指派的新工作回到部门后，往往非常为难，因为越往基层，业务越派不出去——这个时候大家都非常不热心。

经理："老李，你帮个忙好不好？现在又有新的业务了，想麻烦你啊。"

老李的第一种反应："我没有办法，别的都可以商量，就这个我没办法，因为我已经累得忙不过来了。"

第二种反应是："好啊，没问题啊。不过我现在已经够忙、够辛苦了，如果你一定要增加我的工作，我会很尽力，但是做不好你不要怪我！"

还有第三种反应："没有问题，你的指示我一定照办。但是，正好拿我这份工作来交换。"拿手里做的工作跟你交换，他才会跟你承诺。

没有一个人会热心地承担新的任务，你不要奢望什么。假定有一个人不假思索地说"好"，你更要提心吊胆——他一定不怀好意。

让下级心甘情愿地接受新任务

上级指派新的工作要有一套方法，而不是硬碰硬。硬让对方承接过去，他是不会认真干的。

增事不增人，这是部门经理经常遇到的难题。经理接到了新的工作，他必须指派下去，而且不能让基层不情不愿地接受。对于一个要增加别人工作量的人，怎么做才能让人心甘情愿呢？一个有能力的管理者要对部属有所了解和掌握，量才适用，让部属理解你的用意和难处，主动承接新的任务。

我当经理时，老板叫我开会，我没有办法抗拒。我只要多说几句，上面就会翻脸："又不是让你做，啰唆什么？只是把工作拿回去，你就啰唆半天让我很难堪。"的确，根本不是我做，但是多说一句，老板就会继续说："我只是让你把这个拿回去让他们做，连拿回去都在抱怨，你太不识相了！"

所以，一个人做到中高层，要记住：你是没有什么抵抗力的。可是，基层人员就会硬碰硬地跟你顶撞，因为虽然他会怕老板，但是他不会怕你。老板如果下去问："你们不愿意接受新的业务吗？"大家都会说："哪有这回事，没有这回事。"但是，经理让他们做他们就是不做！

我当经理，我会把科长找来（记住：原则上永远让次你一级的人去忙，绝对有效），对他说："你看又增加一个工作，我推辞也没有用，可我接受就是害死你们。"

科长："你不要这样讲，不要这样讲。"

经理："这是事实嘛。"

科长："不是这样的，公司总要有新业务才会增长嘛。"

经理："你不要急，你动动脑筋，想想看到底谁做比较合适，你再去让他做。"

科长："我知道了。"

同时，我还要提醒他注意哪些问题。

你会发现，你跟他讲道理，他抗拒；你不讲道理，他反而跟你讲道理，这就叫作"由情入理"，这是可以实践的。中国哲学是活学活用的，中国人有很深层次的智慧——当主管遇到困难时，部属反过来会开导、劝慰他。

再往下设想一步，如果我当科长，我会看一看、想一想要派谁去做。

如果有意要给朱先生做，科长不会说："朱先生，你来做，我请你做。"这会造成他的抗拒心理。科长会把朱先生请来，但是不会说要交代工作给他，而是跟他发牢骚："你看看，没有增加人，新工作倒是越来越多，这怎么干啊！"

朱先生会说："科长，你不要这样想，哪一次不是这样？每一次都是这样！"

科长："老这样，我真的受不了。"

第十五章 指派新任务要量才适用

朱先生："那没有办法,那你只有接受了。"(中国人是同情弱者的,你能够让他同情,他就很愿意帮你)

然后,科长把工作拿出来说:"现在有个新的业务,你帮我想想看,给谁做比较好,我现在脑筋乱得很。"

朱先生看了半天,说:"那干脆我做算了。"

于是科长说:"你忙得过来吗?你还要做新的业务?"

朱先生:"还可以。"

科长会叮嘱他:"你千万不要太累啊!"

朱先生:"不会的。"于是,就拿去做了。

中国人是这样的,你充分尊重他,他会非常讲理。

有人会问,如果对方说要给别人做,怎么办呢?

没有什么不可以。我希望各位做事不要强制,如果想强制别人做,你还请他来商量,那你就是虚伪,你就是在耍权术。在中国,玩弄权术的人最后都倒霉。我们要记住一句话:"精于刀者,死于刀;精于枪者,死于枪;精于权谋者,死于权谋。"

我会诚心敬意让对方帮我想想给谁做。他如果说给巩小姐做,我要问他为什么,他总要讲出个道理来——

朱先生："你不知道,你没有来以前,她就做过类似的工作,她做得非常好,很有经验,你找她做没有错。"

科长会仔细询问:"你再好好想想,是不是这样?"

朱先生:"保证没错。"

科长马上回答他:"好,好,你不要去跟她讲,我自己找她,免得为难你。"因为朱先生的建议很有道理,态度很诚恳,科长就听取了。

于是，科长就锁定巩小姐了。不必再拖沓，把巩小姐请来，把所有关于新业务的东西都藏起来，不让她看到（中国人是很精明的，一看到桌上有什么东西，马上就知道你为什么要找她，她心里就会很快地去盘算）。

科长把她找来说："你真是了不起。"

她不明白："我没什么了不起。"

科长进一步说道："你看，我没有来以前，你做了一件事情，一直到现在人家都还在赞美你……"

她很高兴，科长接着会说："哎，拜托……"她会很愉快地拿去做了。

现在很多人做事不动脑筋，一切公事公办，这是行不通的。中国人见河搭桥，见人说人话，见鬼说鬼话——有效就好。但是切记，不可以存心害人。我想这句话大家都很清楚：没有一点花样，什么都行不通；存心搞花样，所有人都不喜欢你。

用简化、合并、重组的方法调整原有工作

指派新的工作下去了，同时就会带来新的问题。一是原来的工作怎么办？二是，增加了新的工作量，要不要同时给对方一些激励？

如果增加工作就要增加钱的话，就不如请新的人来做，还多一个人可以用。所以，很多人在接受新的工作时很喜欢说"给我增加工作就得给我加钱"，其实这不对，这只是站在自己的角度考虑问题。老板给你加了钱，那别人怎么办？道理是明摆着的。钱

是没有感情的,一个就是一个,都给了就没了。

那么,怎么办呢?我们有以下三种方法(如图15-1所示):

```
调整原有工作 ─┬─ 简化
              ├─ 合并
              └─ 重组
```

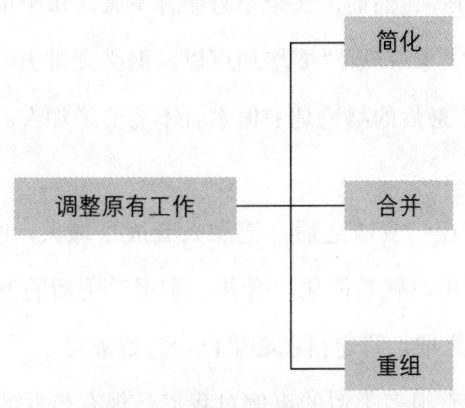

图15-1 调整工作的三种方法

第一种,简化。就是检查他手上现有的工作,能把它简化掉就简化掉。这是非常重要的方法,我们要随时随地研究现有的工作,将其简化。

第二种,合并。你也做、他也做,大家都做没有必要,把三个人的工作合并在一起,一个人做就好了。

第三种,重组。调整一下流程,确保顺畅。我们有很多方法可以减轻工作量、减少工作时间,但不影响效果,甚至提高效果。我们称之为"工业工程",它是很科学的。

如果要给我的同人一些新的工作,我会把他们找来一起研究如何简化流程。

台塑集团创办人王永庆的工作做得非常好。开会时干部向王永庆反映:"我们忙不过来,要增加人!"王永庆说:"那就增加人吧,公司还会为难你吗?这样吧,礼拜天我们找个地方吃饭,研究一下到底要加多少人。"于是大家拟了很多个人事计划。

那天，王永庆当主席："各位要增加多少人今天就可以决定，不要拖到以后。"然而，三个小时会开下来，每个单位都裁掉一两个人。他跟大家讲理："要增加可以，但必须讲出道理，要合理才可以增加。"最后的结论是：根本就不需要增加人，反而可以裁掉几个。

王永庆在一餐饭之后，把加人变成了减人，听起来很神奇，但方法很简单，就是简化、合并、重组，用新的方法来代替。而且他在吃饭之前，肯定自己心里已经打好算盘了。

生活中有很多类似的事例对我们是很有启发的。器皿中装满了东西，你稍微晃动一下，器皿里面的东西就下去了，好像减少了一样；你再将其装满，又晃动一下，它又下去了。总之，我们有太多这种"动一动"的事情要做。所以，一个人一定要常常动脑筋，脑筋不动是会生锈的。

指派新工作要量才适用

把什么样的任务指派给什么人、在什么时候指派给他，大有讲究。我认为，一定要"量才适用"才好。一个人本来只能挑50公斤，你却让他挑55公斤，他真的做不了。把员工累病了，影响业务开展，又不能在他体质衰弱的时候把他辞掉（你也不会这么没良心），老板会非常倒霉。

保障员工和干部的健康也是老板的职责。为什么有时候要叫大家放松一下，有时候要带着他们出去走一走，是有道理的。员工出去郊游是一种福利，但也不完全是，其实还是为公司好。因为人被绑得太紧以后就很疲惫了，让他松一松，就又恢复弹性了，这个弹性是非常重要的。员工的健康、干部的心理平衡，统统要纳入到管理的范围之内。

公司要做什么？老板又要做什么？我认为就是要让每一个人都准备好，能够接受新的任务。

指派新任务由主管控制

在经理把新的任务指派给部属时，每一个员工对新任务的接受程度不同，有的人比较容易接受，有的人却总是抵触。在这种情况下，有没有可能那个比较软弱的人会承担得更多？

我认为，此事基本上是主管在选择、控制，而不是员工在争取或抵触。

我们不鼓励员工争取新的任务。因为他不了解，一个人仅有热心是没有用的，重要的是要有担当的能力，承担得起，主管才会把工作交给他。所以，主控权永远在主管手中，一定要想方设法把指派新任务这件事做到对方心甘情愿。而且，考察一个主管有没有能力，就是看他了不了解自己的部属，会不会合理地指派工作。

适当少派好差事给不接受指派者

人是千差万别的。有的部属比较强硬，一派任务给他，他就挡回去；有的比较柔软，派任务给他，他就接受。遇到这种情况，主管该怎么办呢？

这种现象是存在的，但是没有关系。他跟你强硬，将来有出差的机会就不派他去（出差到底是好事情还是坏事情，说不清楚。大家都说出差很辛苦，但是都抢着出差）。所以，对付捣蛋的人，第一，不让他出差；第二，有加班机会不给他；第三，升迁以后把他压倒。看谁厉害！如果主管管不好自己的部属，那你还当什么主管？部属为什么会让你三分？就是因为他会考虑到上面这些因素。

当部属太强硬时，主管就要考虑到他是否另有企图。他也许是在借题发挥，不是真的很强硬：你平常看不起我，现在到紧要关头要我帮你忙，甭想！他只是在表达这个意愿而已。部属不接受你新指派的任务，有可能是他心里有怨气，你就要先化解这个怨气，然后再来指派任务，这么做比较合理。

第十六章
实施走动式管理确保如期完成任务

指派新任务后，还有部属是否能如期完成的问题。从原则上讲，认领任务，不但要完成，而且要如期完成。我们每一个人做任何事情一定要有一张时间表，没有时间表的计划都是空谈。

怎样督促部属完成任务？怎样检查部属任务完成的状态？如果不能如期完成，又该怎么办呢？

如期完成任务

部属认领任务一定要如期完成。我们强调如期完成，是因为时间是我们完成任务的重要内容。

采购原材料时一定要有时间条件，就是供货方一定要将货物如期送达采购者指定的地点。这是签订供货合同的条款之一，如果不能按期到达，供货方是要承担赔偿责任的，而企业最大的损失就是停工待料。

可见，如期、准时地供应材料是签订供货合同必须的条件。所以，我们在安排生产计划时，会把时间安排出来——任何任务必须要有一个预期完成的时间。

我们希望每一个人做任何事情、任何计划一定要有时间表，没有时间表的计划都是空谈。我们要求部属做一件事情时一定要问他：什么时候会做完？什么时候可以做好？部属告知你以后，你还要再问问他："你有把握吗？"

不要等到最后才发现不能兑现

到最后才发现，主管有责任

我们要求部属完成任务，而且要如期完成。那么，怎么执行才能保证大家如期完成任务呢？

有时会出现这种情况：一切都说得好好的，最后却不能兑现。对此，主管和部属都有责任。主管怎么可以等到最后一分钟才验收？主管对完成任务有监督、考察、跟踪、催办的责任，不能完不成任务就骂部属没有信用、耽误大家的事情，这是不应该的。

对此，作为主管一定是有责任的。我们一直在讲，部属做不好，主管有责任；主管做不好，部属也有责任。作为部属，要去想主管最担心自己的是什么；主管也要清楚地知道，在完成任务的过程中，对部属最担心的是什么。

部属完不成工作，有不能、不为的情况。如果说部属没有能力完成，一定要告诉主管，然后请别人做；企业内部没有人做，主管、经理可以外包。主管也不用怕部属不肯做，有的是解决办法。主管可以到外面去，占用一部分时间，用专案方式解决专业问题，这样，社会上的人才、技术就为企业所用了。

对于部属不能按时完成任务的问题，过去我们一直有一种误解，总是怕他做不好、怕他不会做、怕他如何如何，说到底，是怕他把完成任务的计划时间耽误了。部属应尽早告诉主管不能如期完成任务，主管有的是办法；拖到最后一分钟才告之，主管一点儿回旋的余地都没有。技术可以买，买不到可以学；资金可以借，借不到还可以用以股抵债的方式，比如说，你投资或借钱给企业，企业将来给你分股。只有时间,它是永远不回头的。古往今来,一切经验都告诉我们:耽误什么其实都可以不在乎,唯有时间,我们耽误不起,耽误时间是最不好的事情,因为没有人能让时间逆转。

实施"走动式管理",不会发生意外

如果你的部属拖到最后才告诉你:"没办法如期完成任务,我已经尽力了。"作为主管,你应该反省自己:平时自己在干什么?为什么没有及早察觉?

企业内部应该是一种动态的而且是互动的状态。当主管将工作指派下去后,一定要求部属不定期地向自己汇报;主管也不能坐在那里坐享其成,要"跑来跑去":跑到这儿,就是要这个部属汇报;跑到那儿,就是要那个部属汇报,他不汇报你就问他。这样你就掌握了任务的进度,最后一分钟才报告无法完成的事情才不会发生。

这种管理方式叫作"走动式管理"。主管的责任就是要跟踪、催办。而部属一般也不愿意主管跟催,因为大家都有共同的心态,最怕老板一天到晚催啊、逼啊。如果部属自己主动向主管报告,自然主管就不会再去跟催。

老板需要了解情况,希望部属能直接向他汇报,但是很多部属不懂得领导的这个心态。见到老板,部属要抓住机会向他报告。抓住机会,就是要让老板放心。当然,这也就是部属应该做的事情。

这样一来一往互动,实行"走动式管理",就会保证如期完成任务。所以,正确的解决方式应该是这样的:部属发现不能按计划如期完成任务，一定要及早报告给主管；主管也要实施"走动式管理"，及时督导。

要及早想办法解决进度问题

做计划要安排时间，指的就是完成任务的进度。如果按照正常的程序或者到了某个时间，任务应该完成到某种程度了却没有完成，此时，作为主管要采取什么措施呢？

按照工期，某企业大约180天可以完成一项建筑工程，但偏偏天天下雨，怎么办？我们从一开始做计划时就要写明：180天指的是工作日，而不是自然天数。因为会有很多意外情况发生。

我常常觉得，有决心要完成任务，天下无难事；如果没有决心，一拖再拖，就把事情拖黄了。事情的成败往往在于人有无决心和决心的大小。事情进展不顺利，要想办法解决，想不想得到办法往往看人的决心。

另外一个造成大家不能按时完成任务的通病就是：我们常常会找很多理由为自己推脱责任。许多人是"理由专家"，这是不好的。我们在管理上是毫无理由可言的——完全不能接受任何理由。对于主管来讲，也要拒绝各种理由。

因为你一个人不完成任务，后续生产就做不下去。企业都有生产线，一个人没有做好，这个产品就是残次品；一个人没有做好，全体劳动者的功劳都被破坏了，大家都白做事了。

这些基本观念务必要向全体员工讲清楚，要求大家头脑里树立起这些基本观念，就不会耽误时间。

所以，对于主管来说，就要掌握生产进度、工程进度，随时随地发现问题，并想办法及时补救。把每件事都当作自己人生中的一件大事来做，没有不成功的。

因人而异，一切都在控制之中

管理就是了解每个人的状况

我们在前面讲过的许多原则在管理过程中是一以贯之的。

作为主管，你必须了解你的部属：这个人平常是没有信用的，那个人是一个星期就当10天的。你一定要了解每个人的状况，对不同的人采用不同的管理方式。

例如，某件事情明明是要20天完成的，你就要跟拖沓的人讲10天就要完成，剩下的时间就是给他推、拖、拉的。他10天后没做完很着急，而你会稳如泰山：这一切都在你的预料之中。

再比如，开大会时，有一个人迟到了20分钟，老总气得要命，批评他："你从来不准时！今天这么重要的会议你迟到了20分钟，前面讲的工作你一概都不知道！"然后，再过10分钟又有一个人溜进来，迟到30分钟，比前一个更严重，可是老总连看都不看他一眼，也不骂他。

有人就问老总："老总，你不公平，前面那个人迟到了20分钟，你当众骂他让他难堪；后面那个人整整迟到30分钟，你却无动于衷，这算什么？"他说："我跟你讲，前面那个人从来不迟到，我怕他从现在起养成坏习惯，所以非骂他不可；后面那个家伙向来都是迟到50分钟的，今天迟到30分钟算不错的，我还骂他干吗？"

这才是中国人的思维方式：不公平才是真正的公平。所有的公平都是表面上的公平——对每个人有不同的看法，这才是公平的。

管理要因人而异

所谓"管理"，就是一切都在控制之中，控制是非常重要的。我们很容易控制外国人，控制中国人就很难。所以，在中国就只能讲适合于中国的话：了解每个人，因人而异。

我们对张三这样说，对李四那样说，这只是因人而异的一种方法，这叫作有阴有阳。外国人不能体会这些，他们会认为那是人格分裂。

还是上面的例子。如果我们分别对3个人说要10天完成任务，但他们完成任务的天数不同，有的人10天、有的人15天、有的人20天才完成，对20天才完成的人，我们也可能是接受的。因为我们实际上打出了提前量。那么，其他的人会不会认为，老板说10天完成任务也可以拖到20天完成呢？

中国人天生都是很聪明的人，只是有些人后天没有去动脑筋而已，埋没了潜力。老板对不同的人讲不同的话、用不同的策略，他是真真假假、虚虚实实，但他瞒不了干部。

甲、乙、丙三个人有不同的个性。我们交给甲10天的工作，他20天才能完成，主管可不可以进一步要求他必须10天完成？如果10天完不成的话，主管可不可以采取惩罚的方法？

我们不提倡这种态度和方法。人不是机器，你罚他没有用，强迫他更没有用。中国有句名言：孔子弟子三千，圣贤七十二。意思是说，孔子教了三千子弟，也不过教出七十二个贤人来。有造就的人必须是可以被造就的；不可造就的人，你用什么方法都无用。我们现在往往有一种错误的观点：用一套制度就可以把所有的人都变成一样的人。事实上，这早已经被证明是不可能的。教育有其功能，但是教育绝对不是万能的。

管理的原则："无人不可用"

有的主管会问，就像这样每次指派新工作都要另外交代、都要打上一个对折的人，也可以长期地使用吗？

我认为可以用。我们一直在讲要因人而异、因材施教、量才适用。人是不一样的，但是只要采用正确的方法，一定能够引导他按时完成任务。胡雪岩之所以把他的事业做得很大，就是因为他有一套用人的办法——"无人不可用"。现今，我们还要教部属要如何做。其实，在胡雪岩看来根本不用教，只要用，就能把他用得很好。如果用人要挑剔，你就"无人可用"。很多老板都觉得在自己的企业中"无人可用"，没有人给他做事，他怎么能发达呢？

在这里举胡雪岩的例子，讲的是两个道理：

第一，"无人不可用""天生我材必有用"。每个人都各有所长，要用人之长，这是用人之人的水平。第二，要造就有用之人，要出精品。

对教师而言，用人的人要给弟子传真经，效仿孔子弟子三千、圣贤七十二，教出的弟子有一个成才就行。对出产品的人来讲，就是要出精品，要有精品意识，东西不在多，而在有用。只有这样，社会才能慢慢积累起财富，否则就是巨大的浪费。

要有补救方案才妥当

如果发生不能按时完成任务的情况，而且主管也确定这件事情不能按时完成，我们应该持什么态度？这种状况时有发生，此时大家应该想办法补救。

"神仙来都没有办法"，这是一种无所作为的态度——怎么能没有办法呢？

乘飞机的客人到达目的地，取行李时，发现行李不见了，怎么办？航空公司的人说"你明天来拿"是不对的。

我坐过很多次飞机，有两次不见了行李，我一点不急，为什么？因为我可以告诉航空公司的人，我乘坐的飞机是从哪里来的，然后他先给我一个包，里面有洗漱用具、换洗衣服等，并说第二天一定把行李送到我指定的地点。问题自然解决了。

航空公司解决问题有自己的办法，不能仅仅说"抱歉"。抱歉有什么用？要有解决实际问题的办法。

如果不能如期完成任务，事情会牵扯到客户，作为主管该如何处理？是跟完不成任务的人拼命，还是告诉你的客户，这件事情我有可能完成不了？

我的答案是：一定要把真实情况告诉客户，而且两边同时处理。

我曾经碰到过这样的事情。我们准备在项目场地开大会，请帖都发出去了。可是,到开会的前一天,负责项目的工地主任告诉我工期拖延了,他实在没有办法。我问他:"你一路做得很顺,怎么到最后这几天慢下来了?"他说:"我没有办法了。"我对他说:"我有办法,我现在征求你同意来采用这个办法。"

我真的有办法,而且果然奏效。

我到工地,跟工地主任讲:"我们俩唱一出戏,今天晚上就完成进度,你不跟我唱戏绝对完不成。"他说:"好啊,只要能按时完成工程进度就行。"方法其实很简单,就是我当着工人的面臭骂他:"你这个家伙想害死多少人?我问你能不能如期完成,你说可以,我们才放心地把请帖发出去。明天所有贵宾都来了,我们以后怎么做人?还有什么信誉?这不是我的事,了不起给他们难看而已啊!但是我会告诉他们,你是工地负责人,你要负责任。"我骂完,他说:"我没有办法,我当初估计是可以完成的,现在的确有困难。"我接着骂他:"我告诉你,你今天晚上完不了,我跟你没完!"骂完后我就走了。接着,我赶快送一大堆啤酒到工地上,工人一边喝啤酒一边加班干活,一个晚上所有的事情都完成了。

使用其他的方法,工人要不动还是不动;使用这种方法,就把他们的潜力整个激发出来了。但是一定还要有啤酒辅助,没有啤酒,光骂是不行的。

这个项目延时的问题顺利解决了。但是,万一真的完不成怎么办?要不要做一个预案以防万一呢?当然要。

学校的毕业典礼会场可以设在运动场上,也可以设在礼堂里。一切都准备好了,气象预报也说没有问题,所以选择运动场作为会场,因为运动场气氛热闹。但是,当天早上却风雨交加。作为校长，你怎么办？这个时候你不能再让大家想想看，因为时间不允许了，这个时候就要拿出你的魄力："再大的雨，就在运动场开，给来宾搭帐篷，我们淋雨，表示我们学校的精神。"可以。"第二个方案，每班派代表在礼堂开会；第三个方案，照样在运动场上集合，礼堂也布置好，实在不行马上进礼堂。"这些方案都可以。遇到特殊情况，其实一般有好多解决问题的方法可以使用，没有绝对的对和错之分。

绝不能降低质量

还有一种情况是质量和时间的关系问题。比如，某件事情有可能要延期，如果不延期的话会影响质量。这个时候你要告诉客户，让他稍等一等，即使有可能会丢掉这份合同，也要保证质量；还有一种方法是告诉客户，可以按期完成，但是质量可能会受到影响。

处理这种问题，企业是要看情况的。比如说人家要结婚，洞房是你承包的，你能拖吗？如果不伤大节，凑合可不可以呢？我认为是不可以的。你给人家的质量不好，就因为着急赶，人家就要吃这个亏吗？

一个负责任的企业主管应该这样做：现在交工是不耽误对方的事，一定要负责到时候收回，把高质量、货真价实的东西给对方。这就可以既保证时间，又保证了质量。因为对于客户而言，最终实现的是时间和质量的双重保障。

第十七章
如何处理部属的错误

人非圣贤，孰能无过。部属犯错是常见的事情，怎么把它处理好，考验的是老板和主管的水平。在部属出现错误或者失误的情况下，作为上级应该如何去处理呢？

作为高层管理人员来说，管理是三分做事，七分做人。一个好的老板，一个有良心、负责任的老板，对部属的错误是不能放过的，但是要讲究处理的方式，要有策略。

预防为先

帮助部属发现错误

一个年轻的部属跟随老板,是把一生最宝贵的青春交给老板,当老板的不可以耽误人家。

对于一个年轻员工来说,一个好的老板比老师还重要。老板有责任帮助部属发现错误,否则就是没有良心。但是要讲究方法,老板要想办法,让自己的部属不但知道错误,而且会改过,这才是好老板。

一个负责任的好老板,要预防部属犯错误

老板要教导部属:做任何事情,事先要有充分准备。

举例而言。一个小孩子第二天要去远足,或者是要到学校上课,到早上他往往会哭,为什么?因为他着急呀。这个东西找不到,那个东西也找不到。你骂他没用,不解决问题。做父母的就要事先告诉他:"今天晚上睡觉之前,想一想明天要做什么,把所有要用的东西摆在一起,因为明天一早起来时间很匆忙,忙中一定会出错。你事先收拾好了,再检查一遍,没有问题了,才可以去睡觉。"第二天

一早，小孩子一收拾就走了。

预防部属犯错方法一：事先充分准备

道理讲明白了，还要帮他养成习惯。部属要养成事先充分准备的习惯，不能说到时间下班就走，那是不负责任的。下班前要把明天要做的事情整理好，这才是负责的人。一下班就走了，第二天一来，什么都找不到，半天已经过去了。我们之所以没有效率，就是没有按照老祖宗的方法去做：今天要为明天作准备，任何事情充分准备还要再检查，有了把握才可以休息，否则不行。

预防部属犯错方法二：要有预测能力

老板对部属完成事情的能力，要事先有所判断，并且对他的未来也要有所判断，帮助他建立自我发展的信心。对于未来，每个人都会有所希望与追求，也就会好好做。

为什么我们常说一些人少年老成？因为他知道自己要为自己的未来负责。让自己的部属看得到未来，他一定好好做，他不敢害自己，不敢破坏自己的前途——一个人可能会害任何人，但他是不会害自己的。我们把为部属设想未来并告诉他，他自然就会约束自己、少犯错误，这就叫作防患于未然。

派人实地检查部属的工作

老板在管理自己的部属时，如何才能发现部属可能要犯错误呢？

比如说一个部属要代表企业投标，他会带标书、带样品。如果我是老板，我不会像一般老板那样问部属："你那个标书准备好了没有？"因为他一定会说"好了"，结果很可能会出错。应该说，那是老板的错误。写稿子的人都知道，自己写的文章自己看几百遍，里面有错字也看不出来，所以，要请另外一个人校对——不是他写的，容易校对出错误。

如果我当老板，派甲出去投标，我会对他说："辛苦，辛苦，过来喝杯茶。"我把甲调开，再吩咐乙去检查。如果乙一检查，告诉我："标书写错了。"我绝对不会怪甲，我会问他："标书是你自己写的吗？"他说是他自己写的。我就会说："那你可能太忙了，去检查一下，好像有错误。"

我为什么要叫别人去看而不是自己去问呢？因为我问他答，我们都是在空口说白话，那是在应付，不是在真正做事。所以，很多事情都是自己搞错的，不要怪别人。

也许有人会问：为什么需要让第三者去看，而且还不让对方知道呢？有这么复杂吗？

部属自己做的，他怎么看都是对的。没有一个人存心做错事。换一个人去看，旁观者清。如同下象棋，棋手总是搞不清楚对方的车在哪里，快被吃掉了都不知道。支招儿的人比下棋的人高明吗？不是。显然，轮到支招儿的人下棋时他又糊涂了。

指出部属错误要有策略

不能直接告诉部属哪里有错，这是很重要的。你一直接讲，就叫撕破脸，中国人是不能撕破脸的。比如你说："你标书写错了，你怎么可以这样？"他会说："错了就错了，能怎么办呢？"

因为他已经没有面子了，他就干脆不要面子了。这么一来，你反而被动了。也就是说，你指出对方一个错误，还一定要让他有面子，他才会接受。

管理者不懂得爱护部属的脸面，一讲明白就是撕破脸——你只要说对方有错，他马上站起来："我承认有错，我不可能没有错。难道你就没有错吗？我都不忍心说你，你还说我呢！"结果双方都很难堪。

我们一般认为，出了问题，相关人员多少都会有一点错。比如李四会说："今天事情为什么不能完成？是因为张三计划不准确啊，他如果计划很准确我会完不成吗？他这里算出来3天，我已经搞了4天了还没办法做完。"——李四没做好，张三也完了。

要一个中国人从心里服你，不是那么简单的，他脑筋很快，随时可以找借口，弄得你毫无办法。所以，你要指出他的错误，一定要按照我们说的方法，不要怕麻烦。

如果公司的打字员打错字，你敢不敢告诉她？你告诉她没有用啊。你说："你怎么老打错字呢？"她嘴上讲"不好意思，不好意思"，但是心里会想，你来打打看，看谁错得多。对我而言，我老眼昏花去跟她一起打，当然我的错多，于是她会更加不服气。所以，我不会犯这样的低级错误。

我一定要告诉她，但我会很有策略地讲："你有没有听到大家都在赞美你很会穿衣服啊？但是，人家也在批评你老打错字，我看只错五六个字而已，可是人家讲得很难听啊！"我讲是别人说的，她就很容易接受；我讲是我说的，她压力很大，就会抗拒。而且我先赞美她，然后再批评她，最后再赞美她，这个叫作"三明治法"（如图 17-1 所示）。于是她就接受了——我让她有面子，她就会接受。

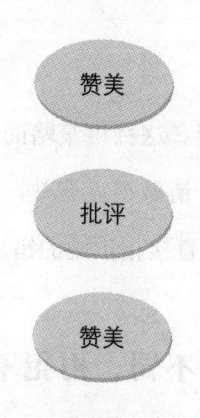

```
        赞美

        批评

        赞美
```

图 17-1 指出部属错误的"三明治法"

有人问，如果她不接受怎么办？因为现在的年轻人完全不懂得措辞、策略这些道理。那我也还是有办法的。

我说："人家说你打错字，讲得很难听啊。"

她马上问我："谁说的？谁说的？"

我说："你不要问谁说的，你不要打错就好了嘛。"

她说："不行，你一定要告诉我谁说的。"

我说："好，我现在就告诉你是我说的。"

她说："是你说的，你就说是你说的，干吗说别人说的呢？"

我说："好，你想知道原因，我告诉你：因为你还年轻，完全不懂道理，我说别人说的是给你面子。我不是撒谎，跟你撒谎没用，我干吗跟你撒谎？我只是不忍心让你受不了，所以我才措辞说是别人说的。现在你连面子都不要，那太方便了，我们不要在这里说了，我们出去说给所有人听。"

她马上跟我求情:"不要,不要。"

我告诉她:"以后我说是别人说的,就是我说的,你听清楚没有?"

她说:"我懂了。"

我要教给她这些道理。这种讲策略的方法才是我们中国人应该有的方法。如果一件事情做得没有效,你就不要做,因为那是徒劳无功的——就好比你直接指出她的错误一样。

初犯不罚,再犯不赦

一个人犯了错误,旁人要给他留点面子。一个人第一次犯错误,你没有放过他,太残忍了;但再犯第二次,就不可饶恕。

如果你不允许一个人犯过错,他就不敢做事情了。很多人就是怕有过失才不敢做事。因为不做,就不会错了。有人一直批评中国人的一种观点:不做不错,少做少错,多做多错。

我们要让他敢做。第一次他错了,只要是无心的错,当老板的不要骂他;但如果他有意识地犯法,那就没办法了。要将错误性质分得清楚、明白才好。

我当主管时对我的部属讲:"在法律面前人人平等,我维护不了你,你要自己负责。只要你不违法,有什么错误,你尽量去避免,实在避免不了,你跟我坦白,我就保护你,这是我的责任。"事先要把原则定出来,处理问题就简单明了了。

第十七章 如何处理部属的错误

重在教育过程

初犯不罚,目的是让初犯者接受教训,给他再次做事的机会。怎样才能让他接受足够的教训,下次不再犯相同的错误呢?这取决于你的教育过程,就管理而言,过程很重要。

如果你是主管,上班时你的两位部属跑出去打电动玩具,你怎么办?

明明是上班时间,他们两个出去打电动玩具,你不管,你的老板就不能放过你:你当什么主管?连你的部属出去打电动玩具都不管,不是要天下大乱吗?所以,绝对不能不管。

如果我就是那两位的主管,会这样做。其实,我根本管不了他们,在公司里我是主管,出了公司我就不是主管,他们两个人合起来欺负我,我能有什么办法?所以,我不能去找他们,但也不能不管他们。我想找一个人去把他们叫回来,没有人愿意去,大家心里想,你当主管都不敢去,我们去挨打啊?他们真的揍我怎么办?所以,我只好自己去了。我的想法是最好不去,去冒险干什么?可是,作为主管有这个责任,非去不可。

但是,去了那边我就假装没有看到他们,而让他们两个看到我,然后我就走了。他们两个一定说:"奇怪啊,主管怎么会来这里?一定有人打小报告。"就开始骂打小报告的人,然后他们两个就回来告诉我:"我们两个没有去打电动玩具。"我说:"没有就好啊,告诉我干什么,这不是此地无银三百两吗?"他们说:"我们两个是刚才来上班的时候,觉得精神萎靡不振,所以出去动两下先精神精神,回来就工作。"我说:"太好了,工作就好了。"

我不会处理他们，但是我也不会放过他们，不然还怎么管理其他人？

他们两个去工作，我就慢慢走到老板的房间去。之所以如此，就是要让他们两个看到我到老板房间去。我们先谈其他事，谈完，我就告诉老板："我有两个部属上班跑出去打电动玩具，现在已经回来了。"老板不吭气也不表态，他就要看我怎么办。我说："这个风气不可长，我要给他们记大过，但要老板你做人情放过他们。"老板一听就懂了。

我回去找他们两个说："刚才我去看老板，我去打听打听，老板知不知道你们两个跑出去的事情，如果只有我知道的话，就算了。大家老同事，我干吗找你们麻烦，没有想到老板知道。"我就反问他们怎么办，把这个难题抛给他们，他们说："既然老板知道了，你就处罚吧。"我说："那不行，我们这么多年老同事，你们平常帮我这么多忙，我翻脸就处罚那怎么行？"他们说："不行啊，你有你的立场嘛！"我说："那这样好了，然后看看老板怎么处理？"他们说："没有问题。"

于是老板就把他们两位叫去："你们早上去干什么了？"他们就开始骂主管："平常他虐待我们，其实我们只是出去透下新鲜空气，就被抓回去了。"老板就告诉他们："你们两个真是看错你们的主管了，要知道你们的主管为这件事情，到我这里跑了两三趟，都是在求情的，你们这样没有良心，太糟糕了。"

这是教育的过程啊，非常重要！不是欺骗来欺骗去。

他们两个也很机警，说："我们毕竟是违反规定了，我们服从处罚。"老板说："没有关系，人不是圣贤，你们又不是故意跑出去的，你们的主管也替你们求情，他的报告只是要给你们记过，但是我看现在也不必了。你们两个在这里签一下名，从此不犯，我们就不管了；如果犯第二次，一起处罚，怎么样？"处理完了，三方都很圆满。他们以后再去打游戏，两罪并罚。

整个过程我是给他们以充分的教育，让他们充分认识到错误的严重性。所以，教育要有一套方法，如果没有方法，就不是教育。

如果只是等他们回来后给他们记过，这样做没有效果。有些人为什么会屡劝不改？这是教育没有方法。学生始终不听老师的话，就是因为老师用这套——硬来，这种方法行不通。企业管理也是同样的道理。

管理干部重在做人，教育员工要诚心诚意

有人会说，像上文说的那样做会占用很多的时间，把自己纠缠其中脱不开身。一件简单的事情，处理起来都要反复好几次，的确很麻烦。但是我们要问，主管平时在做什么？主管平时根本没有事，他的事情就是管理。越是高层越没有事，如果越是高层越忙，就表示他管理不当。

高层要花 70%～80% 的时间来做人，只有维持 20%～30% 的时间来做事；基层 70%～80% 的时间在做事，不能花很多的精力去做人；中层干部 50%～60% 的时间做事，40%～50% 的时间做人（见表 17-1）。

表17-1 各阶层人员时间分配表

层次	时间分配	
	做事	做人
基层	70%~80%	20%~30%
中层	50%~60%	40%~50%
高层	20%~30%	70%~80%

但是，用这种不伤和气的办法，能够确保让犯错误的人真的记住教训吗？

我们大家都有教育孩子的经验，小孩子犯错误不是一打他就不犯了。孩子不能打，要用爱的教育。你越打，他越皮，他在你面前很乖，出去就不一样了——这是你打出来的，是你教育不成功。

前文事例中的员工虽然没有被记过，但这个教训他们会牢牢记住。教育员工的整个过程要让他铭刻在心。最后，要让他知道你是好意，你不是故意要他。干部是诚心诚意想帮助他改正这个过错，出发点是很真诚的。

第十八章
做事是否合理的判断准则

我们一再强调，做事情要合乎情、理、法，有关情的内容前面已经讨论了很多，这一章主要讨论做事要合理。

做事情要合理，这是大家的共识，但是合理的标准是什么呢？人们常说：公理自在人心，天理自在人心。那么，怎么样做事才是合理的？合理与否该怎样判断呢？另外，懂得了合理与不合理的标准，还要会灵活掌握。

人性喜欢合理，但合理与否很难讲

首先，我们来解释以下三句话：

第一句话：理不易明，道理不容易讲清楚

为什么中国人碰到问题，总是说很难讲呢？因为原本就没有一件事情可以讲得清楚。很多人相信真理越辩越明，但我认为，这是不可能的事情。很多事情，很多时候，说到差不多就不能再说了，再说下去就越说越糊涂。事实上，只要一个人想把事情弄清楚，他就会很迷糊。这是由于我们处在非常负责的一个生态环境——牵一发而动全身。

中国社会以理为主，而理本身是永远讲不清楚的。法是相对稳定的，在相当长一段时间内不会变，除非修法，除非改变，否则法就是不变的；而理是变动的，是可以随着外界变化而变动的。所以，人们总是觉得中国人一会儿这样、一会儿那样，完全没有原则。

第二句话：测不准

很多事情往往难以看透，也就测不准了。就像天气预报一样，

讲昨天的天气百分之百准确，讲明天的天气，就很难准。预报说出太阳，老天偏下雨。因为老天不听人的，所以才会测不准。

老板在作决策、评估未来的变化时，所依据和预测的数据往往都很准确，但是到最后就不准了，因为情况变化了。

第三句话：妙不可言

真理是妙不可言的。不可言传就是不可言传，因为语言文字本身就是很大的障碍——文字本身有歧义，或所包含的信息量很大，而且每个人的理解并不完全相同。一件事情不说，大家心里有数，一说出来就已经变味了。

中国的哲学、文化发展到现在，没有一本书能够把真理讲得清清楚楚，也没有一个人把真理说得明明白白。老子说："道可道，非常道。"意思是，能够说出来的道理就不是常道，是非常道。所以，学习人性管理，不可以照搬书本，那样会出问题。

我们在这里讲的是一般性的、普遍性的管理哲学和方法，而每一个公司都具有特殊性。任何事情有共性、有特殊性，每一个人也都是很特殊的个体。但是，我们做事要有共同的标准，也要根据实际情况去调整。

中国人传道、授业、解惑，是师傅带徒弟的方式，带到一段时间，师傅会把徒弟叫来："教你的那几个招数都记得吗？"徒弟说："我统统记得。"师傅会说："再学三年，不会就不让你下山了。只是记住我的招数，你怎么去打仗呢？我教你这样，敌人偏偏那样打，你怎么办呢？"

再过三年，师傅问他："教你的招数，你都记得吗？"徒弟说:"我都忘光了,只剩下三招还记得。"师傅说:"再学一年。"

一年时间到了,师傅问:"教你的招数都记得吗?"徒弟说:"统统忘光了。"师傅听罢,说:"你可以放心地下山了。"

同样道理,尽信书不如无书!因为书上写的都是过去的事情,而一切都在变。

真理妙不可言,但是先决条件是要体会得到,否则怎么妙不可言?一般人总是说"把道理告诉我",实话说,这是无法做到的事情。佛教参禅总是"不可说",自有其道理。

既然道理是如此琢磨不定、奥妙无穷,我们做事合不合理,又如何判断呢?我们又从何入手去理解呢?我认为,要理解四个字:"位""时""中""应",这是做事合理与否的基本测试法则。

做事先定位,位置不同则道理不同

"位",是位置的"位"。

《易经》最重要的思想就是"位",我们现代的人也很重视位置。人生其实就是抢位置而已,没有抢到位置,有天大的本领也无处施展——因为你不在那个位置上。但是,如果去抢,你就是别人的敌人。

所有的管理都是从定位开始的,凡是"物"都有它一定的位置。人家送货物来,我们总是说,先摆在那里,这就是最大的错误,因为你还要去搬。而任何一次搬动都要计入成本,物料搬过三次,运输成本就很高了。

物有定位,人也有定位,什么东西都有定位,而且要一次到位。

人生就是抢位置，所有东西必须要定位；你要先把位置定下来，因为位置不同则道理不同。我们由此发展出一套伦理学，要求有长幼尊卑——有年纪比你大的在，你一定要少说话。所有的管理从定位开始。

时也，命也；势可以造，时只能等

"时"，是时间的"时"。

我们说，时也，命也。不懂得其中奥秘的人会认为这是迷信，而懂得的人不会这样认为。所以，时机好时，你少努力也会成功；时机不好时，你再努力也不会成功！如果你生长在非洲的不毛之地，你有天大的能耐，你能干什么？！

有人得意忘形："你看我多么有办法，赚了几个亿。"告诉你，那不是你的本事，那是时也，命也。时势起来时，闭着眼睛也赚钱；时势下去时，焦头烂额，一毛钱也赚不到——时机好不好，是很重要的决定因素。

有人说："我可以创造！"我不相信。西方人说可以创造，是因为他对这个"时"字不了解。我们讲的"时"有两种含义：一种叫作"时"，一种叫作"势"。"时"与"势"是不一样的：势可以造，时只能等。要守时待命。时机不好，你只能等；你不能造时，因为根本无法创造。

合理是"中",不合理是"不中"

"位"与"势"决定事情是否合理,合理即"中",不合理即"不中"。解决问题要看"中"与"不中"。

遇到问题,我们首先要想一想:时机对不对?比如,你有事要去找老板,而老板正在发脾气,这个时机绝对不对。所以,要马上转变方向——时机不对就不能讲。

其次,我们要想一想:势头好不好?一看自己势单力薄,就不如不讲。你一讲就会被老板否决,而此时再造势的话,他认为你是在威胁他。所以,我们只能说"没有事",如此,我们的势头才会大。有的事情要一个人去讲,有的事情要好几个人去讲;有些话要让别人讲,有些话要自己讲,有的事情大家都不讲,这就是势头的问题。

再次,我们要看看自己的身份,讲这些话合适不合适?身份不对就不能讲话。

另外,我们还要看看场合讲这些内容是否合适。

做事合理与否看看反应就知道

"应",是反应的"应"。

事情合理与否,一看反应就知道了。大家反应好,命中;大家反应不好,不命中,要赶快修改。所以,中国人经常变来变去,那是在调整。

你向老板汇报说:"这件事情很不顺利。"他的脸色不好看,他是在暗示你：在这个场合不要讲这种话。你接着说："不过跟以前比起来还算不错，但是大家还是要努力。"老板的脸色马上就好转了。实际上，你的意图是在测试他的反应好不好。

中国人赞成与不赞成有时是一样的。说赞成，是有条件的赞成，不合乎他的条件，他就反对；说反对，也是有条件的反对，只要条件一改变，他马上赞成。西方人和我们不同，西方人说反对就是反对，说赞成就是赞成。

你去听王先生讲课，回来别人一定会问你："他讲得怎么样？"你说："他真会讲。"看别人脸色不对，你赶紧说："不过，讲了半天不晓得在讲什么。"这些话里没有文法的错误，但是前后是不一致的。如果你说："王先生口才很差，词不达意。"一看别人脸色不对，你也会改口说："不过很奇怪啊，今天讲得有条有理。"

说话的人随时可以调整自己。这种人不是拍马屁，但过去我们总是把这种人当作小人。

孔子一生最了不起的就是他悟出来五个字，叫作"无可无不可"。梁启超当年读到这句话时气得要死——孔子脚踏两只船，糊涂虫。可就可，不可就不可，什么叫"无可无不可"！可是当他读了很多书、当他有了历练以后，他就很信奉孔子的"无可无不可"——这是一种很高的境界。

灵活运用合理的标准

"时""位""中""应"这四个字是判断做事合理与否的重要

标准。但是，这些标准每个人在运用时，可能会遇到不同的情况。我们应该如何去掌握这些原则呢？

有一次，我在一位老板的办公室里面，一位经理来找他谈问题。

老板："这件事情你跟其他部门主管商量过没有？"

经理："没有。"

老板："你先去跟他们商量，因为我要知道大家的想法怎么样，我才能够判断，才能够作决定。"

老板这样做是有道理的。

老板："你这件事情跟其他部门经理谈过没有？"

经理："谈过了。"

老板冷笑："谈过了你们决定就好了，还问我干什么？"

老板讲得也很对——你们多数都认为这样，还问我干什么？你们决定就好了。

这样一来，那个经理不知所措（大多数中国人有这个优点，就是他不会当面去顶撞老板，他不服是心里不服，但不会表现出来），私底下问我："曾老师你看看，这种人反复无常啊。君威难测，老板一会儿这样、一会儿那样，只有我倒霉了，我是中层干部，怎么猜都猜不对啊。"

我告诉他："老板是有原则的，不是反复无常，是你自己没有搞对。"

如果大家决定到西班牙去旅游，各部门都同意之后，再问老板同意不同意显然不妥。这种事情如果没有老板授意，谁敢去找他谈？除非老板说，我们以前都在国内旅游，今年改一个地方，到国外去，你才敢去谈。反过来说，有些事情一定要各部门意见比较一致，老板才会同意。比如说，大家礼拜六统统不休假来加班，而且没有加班费。这种事情老板不能决定，要问问各个部门的意见，大家都同意，他才敢决定。

这是因为事情的性质不一样，并不是领导出尔反尔。有些事情要先请示，你才可以有所动作；有的事情要先在部门之间协调，然后把建议呈上去再由老板来决定。可见，道理是变动的。很多人挨了老板的骂，总是觉得不对，其实是自己错了，老板并没有错。我们应该灵活运用合理的标准来处理事情。

干部没有权力批评老板

没有当过老板的人，一辈子可能都不了解老板。所以，我们要警惕自己，不要总是批评老板。部属是没有权力批评老板的，因为部属永远不了解老板。

老板占据的这个位置，是我们永远无法企及的，理似乎永远在他那里，他总是占优势的一方。作为部属，怎样去作合理的判断？又怎样能够在作出合理判断的情况下，尽量不去得罪老板，不去做一些他看着不太适合的事情呢？

《易经》里有"当位"和"不当位"的概念。就是说，在这个位置上合适不合适，用现在的话讲，叫作称职不称职。老板如果是当位的，我们当然服从他，不服从他，就是自找倒霉，就是制造麻烦。可是，他如果不当位，怎么办？有的老板是不当位的，他没有资格当老板，但他却是老板。我常问这种人："你凭什么当总经理？"他说："这是我老爸的事业，我当然应该当总经理了。"

那么，是不是说老板、总经理永远有理，做部属的永远没理呢？

身居高位的人，一定要以大适小，要谦虚。

很多人说，过分谦虚就是虚伪。我不赞成这句话，任何事情都可能过分，只有谦虚永远不过分——天外有天，人上有人。所以，中国人都先不说话，一是听，二是听，三还是听，觉得可以说了才说，人家比自己高明的话，就不说——说些没有用的干什么？那是自己找难堪。

判断一个人做事合理与否，是一个比较深层次的问题，我们从中国文化传统的角度、从文化精髓出发，作了一些讲解和阐述，总结出了四个字："位""时""中""应"。这四个字所包含的精神内涵是非常丰富的，需要大家在具体的运用过程中，不断地去体会，并根据自己的情况，作出合理的判断。

第十九章 人性管理的"六字要诀"

人性管理的要诀是什么？六个字：两难、兼顾、合理。这六个字本身是一个系统，是进行人性管理所要遵循的原则，是解决问题的步骤。

就好比建造一座金字塔，基础越大越牢固，金字塔才会建得高大雄伟。在前面各章中，这六个字是时常出现的，也反复讲解过，为的是让读者充分地去感受、体味，对人性管理有豁然开朗之感。

两难是人们常常遇到的一种处境。进一步说，遇到问题自己要设置两难情景，经过充分思考，然后才能有所行动。

兼顾是化解两难处境的有效方法。当你兼顾不了时，可以想一想突破的有效方法，也许第三条路才是最好的选择。

合理是恰到好处，能体现出一个人的境界和水平。

做事情、做学问都要"摸着石头过河"

中国人做学问的方法基本上跟西方是不一样的。西方人开宗明义就要讲定义,中国人一般是不会这样做的。

中国人自古以来不太讲求对学问做什么定义。西方老师一上课就问,什么叫哲学?接着就讲一大堆哲学的定义;我们不是这样子,我们讲课好像都是漫谈一样,谈天说地,到最后老师会"不了了之"。好像我们不是在做学问,其实不然——没有人有权力给某个学问下定义。

西方人研究了一辈子学问,对自己的学说要下个定义,这从某种意义上说是把脑筋固化。为什么要接受你的定义?你也未必会接受我的定义。所以,我们做学问要尊重每一个人,就是说,每一个人自己都可以有自己的理解。什么叫管理?每个人的答案都是不一样的,十个人有十种理解,因为每个人的感受不一样。

往往越简单的东西越难定义。我们把概括、归纳等放在书的最后部分,这是按照中国人的思路来的。其实,天底下所有的方法只有一个——摸着石头过河。西方人称之为try in error,叫作尝试错误。因为每个人过的河不一样,胆子也不一样,目标也不一样，快慢也不一样：有的人急，有的人不急。同样是摸着石头过河，过程不一样，结果不一样，感受不相同，所以每个人摸出来的路也不一样。

管理有"六字真经"，即两难、兼顾、合理（如图19-1所示）。

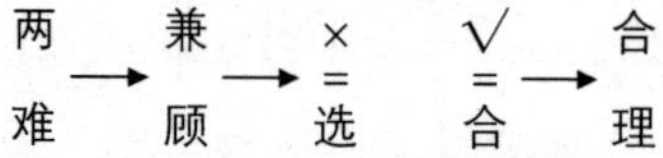

两难 → 兼顾 →ˣ₌ 选 →✓₌ 合 → 合理

图19-1 人性管理六字要诀

做任何事以"两难"为起点

摸着石头过河，也就是说，做事情思前顾后。听话也挨骂，不听话也挨骂；照规矩办事挨骂，不照规矩办事也挨骂。你的儿子不老实，你很生气：我又没有做坏事，怎么会生出一个不老实的儿子来。儿子太老实，你就非常担心：儿子这么老实，以后还有饭吃吗？

部属太听你的话，你就要知道他很可能不怀好意。我问过很多老板："你的干部非常听你的话，不折不扣，你觉得怎么样？"

他会说："太危险了。"

我再问他："为什么危险？"

他说："我迟早会被他们害死。"

部属统统听你的，会把你害死；而都不听你的，会把你气死了。

中国社会处处是"两难"——没有一条路好走，两条路都不好走。

身处"两难",要会"兼顾"

人们经常处在两难的境地,但是在两难当中,还是要作决定、要有所行动的。那么,在两难当中我们应当如何行动呢?

身处两难境地,我们解决的办法是兼顾。而外国人会采取选择的方法。

一个中国人对外国人说:"你喝咖啡,还是喝茶?"外国人会选择要咖啡或者要茶。

面对这种情况,中国人是不选择的。他会讲:"随便。"

讲"随便",这就是兼顾了。很多时候,我们不能选择,一选择就会有很多问题。

"请问,你要喝咖啡,还是喝茶呢?"如果你说:"我喝咖啡。"问题就出现了,他给你端一杯跟泥土一样的咖啡,根本不能喝,然后告诉你:"我们这里的咖啡这么差,你还喜欢喝,我们的茶是很好的。"他还笑话你,你生气不生气?

对于这种两难选择,中国人很委婉,回答永远是:"随便。"随便是什么意思?随便就是:茶好,给我茶;咖啡好,给我咖啡。

所以,中国人讲话总是含含糊糊的,这是最保险的了。

甲问乙:"明天开会你去不去啊?"乙说:"要去。"乙就有问题了。人家知道乙要去,晚上就去送礼,希望乙明天帮助通过什么方案,等等。乙就会有麻烦。

如果乙说"不去",马上有人不高兴,会议组织者会问:"为什么不去呢?"两方面都会得罪人。

同一个问题，乙回答："还没有定。明天看看吧，能去我就去，不能去我也实在没有办法。"一切麻烦都没有了。

有一个中国人要去法国，机票都买好了。

一种情况是：

"听说你要去法国？"

"还没有定。"

另一种情况是：

"听说你要去法国？"

"是啊。"

"你什么时候去？"

"后天就要走了。"

"是这么回事，我妈妈要买几样东西，单子在这里，你帮我买，回来给你钱。"

麻烦来了，花很多时间去买回来，东西给了他，钱还是没见到，还能怪谁呢？

所以，我们经常打马虎眼是有道理的，是聪明之举。

对不同的人，我们要给他不同的反应（就是上一章所提到的合理与否的问题，我们必须要了解到，"理"是变动的）。

老板问甲："你要去哪里？"甲不能讲"不知道"，也不敢讲"没有想好"，要如实地讲"去市场"。"给我买两个鸭蛋带回来。"甲可能买了四个，这样双方感觉良好。

也就是说，对不同的人要用不一样的应对方法。有些人觉得中国人很势利眼、很现实、很会拍马屁，其实不是。因为我们因人、因事的变动是合理变动。

举例而言。如果小孩子从小开始是非分明,他会痛苦一辈子。因为他没有能力,也没有办法把是非分辨清楚。我们去看电影,问"这个是好人还是坏人"问题的一般都是小孩子,大人很少这样问。世界上没有完全的好人,也没有完全的坏人:好人可能很坏,坏人可能很好;好人有时候很坏,坏人有时候很好;好人有坏的一面,坏人有好的一面。

我们的认知能力很有限,我们的选择能力很薄弱,我们的判断能力很缺乏,所以,我们没有办法选择。西方人说:哪一个人对你最好,自己最知道了。我以为这也是不对的。谁对你最好,你自己经常不知道。

我问过很多干部,他们的老板怎么样,很多人说:"我们老板什么都好,就一件事情不好,常常把坏人看成好人,把好人看成坏人。"如果这个老板确实把坏人看成好人,这个老板就有问题了。事实上,老板经常这样,明明是在后面搞鬼的人,他却认为这个人忠心耿耿。历史上也有很多类似的例子,所谓"忠"是不忠的,所谓"贤"是不贤的。老板最信任的人,往往是出卖他的人,这就叫作"窝里反"。

"兼顾"不了,求"合理"

中国的哲学思想是世界上独一无二的,如果你要完全学习外国人的学说,你就不可能懂得中国文化,因为这是两种不同的路子。

我们是"二合一"的,不是"二选一"。

外国人一进餐厅就要开始研究，拿起一本菜单，看半天不知道选哪一个，但他一定要选。中国人则不同。要吃什么？随便，然后什么都会有。然后东吃一吃，不好吃，少吃点儿；西吃一吃，好吃，我夹几筷子。我们这样很愉快。

中国人吃西餐经常是你点鱼肉，我点鸡肉，他点牛肉，然后切开来、分一半，搞得乱七八糟。外国人说："你们这样吃什么西餐？"我们却认为就是这样花样繁多才好吃。

兼顾是兼顾不了的，合一是合一不来的。如何解释呢？这又是矛盾的。

中国人是讲矛盾的民族，永远处于矛盾之中。老板让你快点去，又反过来说你："那么快干什么？急也不能急成这样子。"老板说"慢一点"，你刚一慢，他接着说"我说慢就那么慢吗？像蜗牛一样，快一点"。你刚快一点，他又骂你，总之，你还是不对。

恰到好处是很难的，合理就是恰到好处，就是到位。比如，很多人讲话是不到位的，讲了半天都不着边际，抓不着要点。

遇事三思而后行

"两难""兼顾""合理"六个字就是我们处理所有事情的原则。

遇事要先设置两难情境

我们碰到任何事情，先设想两难。即便是很简单的事情，也要考虑两难处境。

老板叫你去跟某人讲一件事情，你就按照老板的意思去讲。

第十九章 人性管理的"六字要诀"

老板一会儿问你:"你去讲了没有?"你如果已经讲过了,他会说:"你看你那么急。我让你去讲之后,我一想不对啊,可是你却跑那么快,你干吗?别的事情不快,这件事情特别快,你想害死我啊?"

你看看,做了事情还不落好。这是因为人的思想会变,你永远猜不透对方的心!难就难在这里。

你觉得很委屈,是因为你不是老板,你不在他的位置上。你认为小的事情,老板认为很大;你认为很大的事情,他认为很小——因为位置不同。经常是基层认为很紧要的事情,高层根本不理会;可是基层认为很小的事情,高层却认为是关键。立场不同、身份不同、位置不同,看法自然不同。

这种情况本来很常见,也是很简单的事情,看上去不是什么两难处境,老板叫你去说你就说,执行老板的命令。但是,做之前你自己要多加一道关,把它变成两难。

进一步说,两难的意思不仅是两难的处境,而且是一种两难情景的设置。也就是说,你要把情况设置成两难,不管面对什么问题,首先要把它设想成一种两难情景。

当你碰到问题时,就要想到有阴必有阳,这样才是对的。人不能总是想着光明的一面,那是幻想,因为有光明的地方一定有黑暗。所以,当你的生意兴旺、企业发达时,不能赶尽杀绝。

需要进一步说明的是:我们并不是在已经有了明显两难处境时,再去考虑方案,而是在处理看上去很简单的事情时,也要先把它想象成两难。

甲是主管,想把桌子上的花拿掉。但是,他不能说拿掉就拿掉，要想一想，要"谋定而后动"，要"三思而后行"。自己把"一"想成"二"：拿掉也不对，不拿掉也不对，然后考虑周全，再去做。这样做就不会错。

经过两难设想以后，甲会说："你们觉得花摆在这里好看不好看？"

乙说："其实也不错了。"

丙说："不好看。"

因为大家都在猜测甲。

甲又说："好看？还是不好看呢？"

丁说："从某个角度来看，不好看。"

甲接着说："那这样吧，我们把它拿走，你觉得怎么样？"

丁说："好。"

甲说："那把它拿走吧。"

这样的话，大家如果要骂就骂丁，甲不会有事。

所以，我们为什么要发展出一套"太极拳"，一套推、拖、拉的"太极拳"呢？很有道理。

说明确一些，当大家的意识没有统一、没有认定时，不管你怎么做都是见仁见智，都有人赞成、有人不赞成，结果是几个人高兴，几个人不高兴。你每天做一件事只要得罪一个人，十天下来你就得罪十个人。如此一来，部属和你离心离德，你还怎么开展工作呢？

其次才能考虑兼顾

兼顾，就是把事情合起来想，不要分开来想。西方人是走分的路，我们是走合的路。中国人很重视这个"合"字，合在一起，合成一条心，废铁也能变成金。

所以，我们跟人家讲话，不要生硬地说："我不同意你的意见。"你只要一表态，对方就把你当敌人。很多中国人提反对意见时，总讲"我很赞成，不过……"这其中隐含的逻辑是：你先说好话，对方就把你当同志、当朋友，同志之间、朋友之间有话比较好谈；你一上来就说不好，他就把你当敌人，关系对立了，你讲得再对，他都听不进去了。我们先说："很好，很好，不过还可以改善一点。"就把对方的意见整个推翻了，大家很服气。

一个会当领导的人刚上任时说："一切安定，人事照旧，大家都不动。"然后三个月之内原有的人员调光了，换成他自己的人了。这个领导是心理作战，表示要观察，可以留就留，不能留我没有办法，我已经了解三个月了，我还不能换人吗？如果他一来就说："我要换人。"马上就有人告到上面去："昨天才来，今天就要换人，营私舞弊。"领导第一天来就说要换人，可见他是存心想换人啊！

合理是变动的，因人、因事、因地而不同

某人明明不行，作为领导不会换掉他，不是因循苟且，而是看上面的面子——把他拿掉上面不支持，你就什么事情都做不成；多少担待他一点，上面多照顾你，对公司有好处，你的工作得到了支持。

所以，做事千万要小心。一个人只有纯真、真诚是不够的，那只是起码的条件而已，还必须要有很多顾虑。所谓"委曲求

全",也就是不能硬干。

第三种处境也许是最好的解决方案

不是在任何情况下,我们都能够做到兼顾的。有的时候想兼顾,但确实兼顾不了。

有时我们可能确实会面临这样的处境:必须要选择。当我们面临这样的处境时,要尽量把它化解。因为有些事情,基层的人没有看到,所以他很果断,没有什么顾虑;高层的人往往会讲"等一等",因为他看得远。企业像一座山一样,基层在山脚下,根本看不清楚"敌人"在哪里;老板站在山顶上,他已经能看到500公里以外的"敌军"了。职位越高的人,看得越远,想得越多,胆子越小,这是好事情,不是坏事情。

有时我们面临必须要作选择,然而做任何选择又都是错的情境,怎么能够合理地化解这个非常不利的处境,争取一个对自己比较有利的局面呢?

有一家日本公司接受美国公司的订货,规定了交货的期限和数量。可是这家公司怎么赶时间就是赶不出产品来,眼看着就得延期交货。怎么办呢?

一个方法就是,向对方承认没有办法完成,而且已经尽力了。但是,这个方法在竞争激烈的市场上是不成立的,因为给对方造成了损失,对方一定告你。这会产生骨牌效应:日本公司向这家美国公司订货并规定了一个期限,美国公司要供应那么多厂商,日本公司虽然只对美国公司一家失信,美国公司却对这些厂商都

第十九章 人性管理的"六字要诀"

失信了。

另一个方法是,眼看着期限将到而货物赶制不出来,这家日本公司的老板却告诉大家:"不急,你们给我做好,不要赶,再给你们半个月时间都可以。"有人说,那不是更来不及了吗?他说,没有。过了半个月,他说大家还有 10 天的时间把产品再弄好。

最后只剩 10 天时间,只有 10 天的时间怎么运到美国呢?他包一架飞机把货运过去,在规定的时间内交了货。《纽约时报》头条新闻称,这种空运货品的方法是"创新",这个企业家把运输费当作广告费了。从此,他的产品在美国畅销了,运输费变成广告费这么一招划得来,这叫作明智的决策。

这就是在两难处境当中,选择了第三种处境,选择了第三种解决方案。我们把这种选择叫作突破——突破困境。思考问题不要囿于一种模式,身在两难处境中,不要把自己困在现实里面。通俗地说,就是在东也不行、西也不行的时候,在东、西中间的其他方向去寻找出路。

在美国,我有一次要坐车去赶飞机,偏巧车堵得让人很心急。我跟司机说:"我要赶飞机,这样停停开开我怎么赶得上呢?"他说:"I know(我知道),but how can I do(但是我能做什么)?"他就不动脑筋。这还不算什么,他开了 5 分钟,居然还问我一句话:"先生,如果你赶不上飞机的话,要不要坐我这班车回来?"他打这个主意还敢问!中国人虽然心里打这个主意,但他不敢问。这个美国人就敢问出来,他的脑筋不会拐弯。这句话要让中国人理解就是,你就是没打算让我准时赶到,存心不良。

遇到堵车,中国的司机会想办法绕过去。怎么只会走直路呢？中国人走远路，是用空间来换取时间：条条大路通罗马，不是只有一条路。

人性管理的"六字要诀"就是"两难""兼顾""合理"，这六个字是一个系统，我们应该全面学习和掌握。

第二十章
实施人性管理的目的

中国式管理的要义就是人性管理。

我们谈管理是要讲目标的，中国式管理也有三个目标：第一是降低成本，第二是发挥潜力，第三是协同一致。这三个目标不同于管理科学中的目标，这是软科学，是当今时代企业充分竞争后必须选择的一条道路。中国式管理只要达到以上这三个目标，业绩、利润等西方管理科学目标体系中常见的关键要素自然就会实现。这就叫作"正本清源"。管理要讲绩效，讲利润，讲效益，但那不是根本。如何才能提高效益，增加利润？技术进步是一条路，运用管理科学也是一条路，还有一条捷径可走，这就是中国式管理——人性管理。

降低成本的有效方法

首先，一家企业的产品成本太高，就无法在市场上竞争。

同样做出来的东西，只要你的品质跟别人的一样，买方就要求价格要低；如果你做的东西跟人家一样，还要卖高价钱，你就卖不出去。所以，我们一定要注意价格和成本的关系。

我们新盖的房子普遍有一个特点，天花板越来越低、地板越来越高，这使我们的生活空间受到了挤压，住在里面的人感觉很压抑。老房子为什么住得舒适？因为天花板很高，生活的空间很大。

天花板是什么？地板是什么？天花板好比产品价格，地板好比产品成本：价格往低处走，成本往高处走。这是个"薄利时代"，薄利，是不是只有靠多销了？薄利多销也不是好办法，因为市场是有限的——市场再大也还是有限的。

物价涨是什么在涨？是原材料在涨。照理说，原材料一涨，产品的价格高一点儿就行了，这是不行的，因为价格是由市场决定的，不是由厂商决定的。价格的制定者也不是企业，原料和加工的成本加上企业的利润就是产品的价格，不是这样简单的。原材料价格由供货商定,你非用他的不可;可是,产品价格却不由你定,这是很矛盾的。所以,今天唯一的生存之道就是不断地降低成本,可是降低成本,又不能把人事费用降低,这是很难的事情。

降低成本,不仅是中国式管理的一个重要目标,也是西方式管理的一个重要目标,企业的生存之道就是不断地降低成本。把降低成本作为中国式管理的重要目标,是由于人性管理方法在降低成本方面比较有效。

让大家乐于工作,发挥潜力

一般来讲,除非企业发生特别的情况,人员的工资是不可能降低的。我们要发挥人的潜力。同样一个人,他做了三个人的工作,我们不提高他的薪水,企业的成本已经降低了。中国式的管理是弹性划分,考虑很多方面的因素,目的就是让每个人都可以发挥潜力。打仗不是人多就一定赢,武力强的人也不是每战必胜。人是有无限潜力的,但是如果你不发挥,不尽心尽力去做,不愿意做,或者只是应付应付,就做不好事情。

人性管理,就是充分尊重每一个员工,给他发挥才干的空间,把他的潜力充分发挥出来,做到"以一当十"。

我必须要说明的是:如果你给一个人指派十个人的工作,他是绝对不干的;他如果自己愿意做十件事情,他就很愉快。所以,我们一直说,当主管的不要决定,要让部属自己决定;不要命令,要跟部属商量。但是,部属自身潜力的发挥必须建立在维护企业正常运营秩序的基础上。

大家合作协同，组织才有力量

协同一致很重要

有人怀疑中国人的合作意识。很多人跟我说："中国人就是不能合作。"我告诉他们："中国人不可能合作，也不可能不合作，因为我们是'摇摆不定'的。"

历史告诉我们，只要领导得好，中国人非常合作；如果领导得不好，就会四分五裂。中国人的个性就是这样，合起来合得很牢固，分开来也分得很彻底。比如说，家和万事兴，血浓于水。但是，兄弟相残，是比任何敌人都可怕的。

所以，我们要"协同一致"，否则一个人有能力是没有用的。有组织却没有组织力，这个组织就糟糕了。

管理科学能够做到降低成本，技术进步也能够做到降低成本。凡是科学层面的东西，你能够做得到，别人也做得到，所以，没有什么竞争力。你买最好的机器，人家也买最好的机器；你开工24小时，别人也开工24小时。你做得到不稀奇，因为人家也做得到。

但是，人性管理不是人人都做得到的。这家公司的员工士气高昂，别人可能就做不到。我认为，竞争要争那些看不见的部分，不是比那些看得见的部分。衣服谁不会穿？但是穿起来就是不一样。我们常常去逛街，看见橱窗里的模特穿的衣服好漂亮啊！但买回去穿却完全不是那个样子。

硬件是大家可以学的，软件是要靠自己培养的，没有其他办法。软件就是哲学，硬件就是科学。所以，中国人的事情要用中国人自己的方法去解决，因为我们脑子里面想的跟西方人是不一样的。

唯一的途径：人性管理

为什么要实施人性管理？我们用一个案例说明。

我国改革开放的前两年，只要生产量没有达到，员工就不能休息；订单没有做完，就无限期加班，工人都很高兴（员工只怕不加班，因为加班有加班费）。但是，两年之后你叫他加班他就有意见了，说"太累了""人的生命是有限的，钱却是赚不完的"，他会给你讲出不同的道理，你讲的话他开始不听了。

中国人的特点是能屈能伸，有一句俗话叫"人在屋檐下，不得不低头"。当没有钱的时候，员工们是很听话的，有了钱他们就不听话了——有了钱自然说话就硬气，也就不听话了。

在这种情况之下，我们应该了解，这几年，我们的管理一直在演变，不是一成不变的。工程是一成不变或所变很有限的，电灯就是电灯，多少年都是这样，只是外形、外观稍稍有些变化。人性为什么会变化？就是因为人能屈能伸。

上海一家汽车公司的业务人员很坦率地讲："以后客人来，我拒绝跟客人讲'欢迎光临'，没有意思。人都来了，你还讲'欢迎光临'，不欢迎怎么样？完全是形式，完全是做表面文章。"这个业务员讲的话是有道理的，这样形式化的东西就叫作"小和尚念经——有口无心"，算什么服务呢？这不是人性化服务。

不料，公司总经理下命令了："你们如果不执行公司的规定，看到客人进来不说'欢迎光临'，那就辞职好了。"这些业务员真的就走了，因为他们不能接受这种管理方法。这叫作"此一时，彼一时"。

对于这个总经理来说，他这样做可能有他的目的。比如说在大家都没有"顾客第一"这种观念时，需要强制性地做一些事情，有助于促进员工树立观念。但是，在经过了一段时间，大家有了这个观念之后，就要运用新的管理对策，这样才能使大家协同合作，组织也才会有更大的力量。

管理也要"与时俱进"

什么叫作"合理"？就是"与时俱进"。管理的"与时俱进"，就是随着时间的改变，在管理的观念、对策、方法等方面做不同的改善。

刚开始为了建立"顾客至上"的观念，要求员工对客人有礼貌，可以采取一些强制的方法，那时候员工会听。但是一段时间之后，作为管理者就应该意识到这么做只是在搞形式，并不增加业务量。当所有的企业都开始用"欢迎光临"这个形式时，管理者就应该警觉到如果还要搞这个东西，老总就很愚昧了——"时"已经变了。

日本人是讲求效率的。我们到日本去看看，会发现日本也开始不用"人"了，用"人"太贵了。几个人站在外面讲"欢迎光临"，这人工是要计入成本的。而且，到餐厅去吃饭，外面站的人越多，吃到的东西就越贵——那些服务员是拿钱的。干吗叫他们摆阔？自己花钱去养那些人干什么？日本人宁可找没有人、进去时没有人招呼的地方，自己选位置坐下来——食物是真材实料。

日本人开始用机器讲"欢迎光临"，他们也很快习惯了这种方式。中国人不接受这个方式：原来是机器在说话，中国人就不高兴了——一点诚意都没有！

尊重员工的尊严

顾客尚且有不同的心思，企业员工的心思更各有不同。所以，在管理过程中，也要针对员工的不同情况，有针对性地作决策。

往往在总经理讲"顾客至上"时，员工都会偷偷地说："我们算老几啊？"员工会想为什么要为顾客牺牲，钱被老板赚去了，又不是我赚的，所以，他就会故意给顾客难看。为什么老总苦口婆心地教导员工要对顾客有礼貌，员工就是做不到呢？就是因为员工心理不平衡。大家都知道钱是老板赚走了，顾客高兴与否与自己无关。这种管理方法和结果叫作"不人性"——没有合乎人性的要求。

管理要做到什么？要做到员工把顾客当作自己的朋友——中国人只与朋友不计较。买卖要斤两计较，朋友有通财之义。所以，一个最会做生意的人，是把顾客当朋友，而不是把他当商人。要把顾客当朋友才会长久，顾客才会替你着想。

第二十章 实施人性管理的目的

人性管理适用于各种管理模式

我们现在倡导人性管理的理念，有些公司已经开始实行。那么，人性管理在不同的企业当中、在不同的管理模式当中，是不是都一概适用呢？我的回答是肯定的。

我们不反对用西方的管理方法，因为西方所讲的都是很科学的东西。既然是科学，全世界都可以通用。我们讲究的是如何运用，而不是说这个东西不能用。比如我吃西餐、穿西装，但是，如果你说我穿的是外国的衣服，我就不同意。

我讲个讨价还价的故事，这里面包含着人性管理方面的问题。

有一次我到欧洲去，看到他们的水晶玻璃瓶很漂亮，我想买一个。在买之前，我要知道那一家商店执行的汇率怎么样，要计算划算不划算。当时，客人很多，在排队。我就站在排队的地方，很远地问那个业务员："我们店的汇率怎么样？"他怎么回答呢？他说："请排队。"把汇率直接告诉我不就好了吗？不行，要排队到面前才能问他"汇率是多少"，然后我再计算要不要买，要买又排一次。所以，商店里的人总是在排队——一次只能做一件事情。

中国人同时可以处理好几件事情，照顾很多人，连外面都可以照顾得到。这就是民族性的不同。所以，管理中生硬地照搬外国人的那一套有什么用呢？

我在国外的商店里看到一个玻璃杯很漂亮，问售货员："多少钱？"

售货员："100元。"

我问他："80元，可不可以？"（中国人习惯讨价还价了）

售货员:"我查查看。"连讨价还价他都要查表,查完表他又拿出另外一个玻璃杯来,"这个一定要卖100元,这个可以卖80元。"

我又问:"为什么呢?"

售货员:"你来看啊,这里有个裂痕,当然卖80元,这个好的卖100元。"(我觉得很好笑,你不告诉我,我可能会买那个有裂痕的,你告诉我,我会买吗?这就是外国人)

我又说:"这样吧,我要这个好的,但是80元。"

售货员:"你怎么可以这样?"(搞得他一头雾水)

这是文化的差异,是软件的不同。

中国文化理应作为企业的主流文化

现在我们有很多这样的公司,上层或者中层的管理人员,有很多是从外国过来的职业经理人,他们正在推行一套西方的管理模式。作为部属,应该怎样去对待这些大老板、二老板呢?

中国人很讲求"实事求是",在事实面前处理问题也比较容易,因为中国人会谅解、会协调。我们的适应力很强,能够随遇而安。在日本公司工作,就按照日本那套方式去做事;在美国公司工作,又很自然地按照美国方式办事;一旦回到中国当老板,又要会用自己的那一套方式。

作为跨国公司的主要管理者,你有责任要争取以中国文化作为企业的主流文化。

我们国内职业经理人阶层也正在形成。很多经理人到西方学习,回来后,中国企业的老板、董事长有可能期待他们带一套西方的管理经验进来。作为一个职业经理人,来到一家中国公司,要把多少从西方学来的东西带进来,又要在多大程度上采用中国人性管理的方法呢?

如何把西方的管理科学和中国的管理哲学在实施管理上融合成一体,可以说,我本身就是一个见证人。我学习了西方的管理科学,又懂得中国的管理哲学,所以可以做得很好。

飞利浦在中国公司的总裁原来是荷兰人,现在是中国人,因为人人都知道,整个大环境是中国,要强制执行西方的管理方式就会费力不讨好,事倍功半,聪明一点,采取遥控方式就好了。早些年公司有什么事情,原总裁就要求按照西方的方式去解决,现在他们很聪明,他们会告诉干部:"按照你们中国人的方式去解决,我们不管。"这种方式叫作企业本土化。如果不实行本土化,外商想在这里就很难生根。

跨国公司在华本土化,是因为外国在华公司大部分的员工都是中国人,客户也是中国人,而外国人那种行为方式很难管理中国人。

人性管理的三项目标是西方管理科学所不能解决的,降低成本这件事,你做、我做、他也做,而实行了人性管理后,降低成本是最有效的。

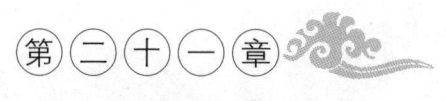

第二十一章
实施人性管理的方法

中国式管理其实也就是人性管理，怎样实行人性管理，之前我们已经从不同的方面进行了阐述，这一章我们要把人性管理的一些基本原则概括地介绍给大家。

人性管理的基本理念归纳概括为三句话：以人为本，与时俱进，合理调整。这三点做到了，一切问题就迎刃而解了。

21 世纪是中国的世纪

中国人对数字是很重视的。但中国人讲数，跟西方人不一样，西方讲数就是 1、2、3……中国人则什么东西都是数，一朵花也是数，一个动作也是数，我们的数是概念化的、概括性的，所以我们讲"心中有数"。

我这里有两个数，一个叫作 1840，一个叫作 1984。1840 年鸦片战争，我们的自信心都没有了，自尊心不见了，我们很自卑，老觉得事事不如外国人。1984 年开始，中国人的时代来临了！科技发展固然会带给我们很大的好处，但是它也有一定的坏处。高科技不能替代科学管理。

我们现在提倡人性管理，具体来说，如何实施人性管理？我们要掌握哪些原则呢？具体如图 21-1 所示。

不要讲"人力资源管理"

人性管理最重要的是，做人、做事要有良心，凡是对人类有害无利的科学，统统不能发展。

```
                            ┌─ 不要讲"人力资源管理"
                            ├─ 不要存心去管人
            人性管理的原则 ──┼─ 不要忽略人的情绪
                            ├─ 不要讨论人性的善恶
                            └─ 不要开口闭口就讲法
```

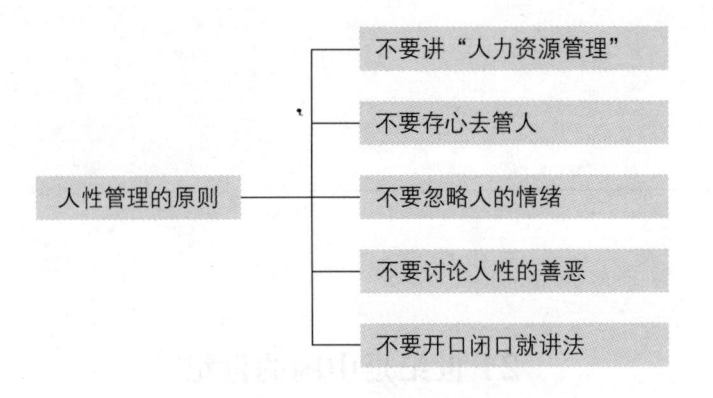

图 21-1　人性管理的原则

人类对科技要加以限制，而不是盲目地发展，比如说克隆技术，克隆猪、克隆羊都可以，但是不能克隆人。

当我们把机器人做得比活人还厉害的时候，它就可以去征服全世界了。很多人都在问良心在哪里，那你要去体会。

所以，实施人性管理的第一个原则是，不要讲"人力资源管理"。这种提法根本不把人当人看，而是将人当作一种资源。我们要尊重员工，要尊重干部，要尊重客户，还要尊重那些看似与我们不相干的人，因为他们是我们的同胞。

我们的整个观念要改变，要把人力资源部改称人员发展部。不然，员工从人力资源部门前走过时，会想自己是企业的资源，要被开发和利用，心情不会舒畅，不会愉快。

就好比要赚钱，你的市场策略就要跟大家有所区别。一条街都在卖书，有的书店摆得整整齐齐的，你可能觉得这里的价格一定高就不想进去；有的店把书搞得一团糟，你就一定想进去，因为你知道这是大家都去的书店，价格一定便宜。其实如果大家都搞得一团糟，你就一定要摆得整整齐齐。很多人不懂这个，总是觉得跟人家走就对，其实，跟人家走是错误的。

你凑热闹，两败俱伤。做生意，要跟同行不一样，这叫作"市场区隔"，策略不同，你就赢了。

不要存心去管人

实施人性管理的第二个原则是，不要存心去管人。

上面我们说部门的名称要改，观念要变，在管理中要以实际行动相配合。管理者不管人，要理人，要尊重员工，给他面子，让他高高兴兴地去做事情。

不要忽略人的情绪

实施人性管理的第三个原则是，不要忽略人的情绪。

人是有情绪的。有人认为，有朋友从远方来看你，说明你做人成功了。为什么？我认为，朋友从老远来看你，就是他存心要占一点便宜，或者是他需要你的一些帮助。你给朋友白开水喝，对他很冷淡，下次他再也不来了。实际上，这就是人的心理、人的情绪。

所以，中国人会哄哄人家，给人家戴高帽子，这有道理——让人家心里愉快，情绪舒展，人家才愿意跟你打交道，不然人家看到你就讨厌。我们要了解对方的情绪，人性管理是由情绪开始的。如果情绪管理不好，可能会有极大的破坏力——人类都有报复心理。

中国人就是这样，表面上无所谓，背地里开始找麻烦，让你防不胜防。敌人明目张胆地来，你比较好应付；如果敌人躲在暗处，你就很难应付——敌人在哪里都不知道，怎么应付？

不要讨论人性的善恶，人富有可塑性

人性管理的第四个原则是，不要讨论人性的善恶问题。那是无止无休的问题。

人性是可以改变的，只要你引导得好，员工统统向善；你领导得不好，员工统统向恶。当总裁的人要负70%的责任，就如同在一个家庭中，父亲的影响力占70%一样。

你要求你的干部怎样去对顾客，你就要用这种态度来对待你的干部。你对你的干部态度很凶，而让他对顾客很和气，是根本不可能的。

我们不要仅仅强调制度，强调合不合法，企业一定有制度，但是很多时候制度是不能解决问题的。

对于一个不太会变的人，可以放心地让他去求新求变，因为他不会变。而中国人从小就善变——不变就不能活。对于这种善变的民族，任何人不能阻止其不变，即使我们不停地说"不要变"，他还是继续在变，这也是一种人性、一种民族性。

西方人比较容易满足；中国人"得寸进尺"，永远不满足。所以，中国人讲精益求精，好了还要再好，永无止境；西方人很满足、很简单，他一生就是赚一套房子、培养一个小孩，到了60岁，就把房子卖掉，去住养老院。这就是文化的差异。

不要开口闭口就讲法

人性管理的第五个原则是，不要开口闭口就讲法。讲法是不得已的事情，也是我们做事情的最低限度。

政府一直在强调"为人民服务"，企业也是这样。老总们不要只盯着赚钱，如果一位老总在公司里面公开讲"开公司就是为了赚钱，只要赚钱我们可以不择手段"，就会被员工们看不起，他们就会离你而去。西方人一开口就是money，他不会觉得不好意思。对于钱，中国人是放在肚子里面谁都会去想的事情，但是不必讲出来。

有人问，不讲法讲什么？在我看来，要讲情。中国人以理为中心，情帮助我们讲理，法也不过是帮助我们讲理的。我们讲"有理走遍天下"，从来没有讲"守法走遍天下"，而且每个地方的法是不一样的。

中国人是讲情理的，一切皆以"情"为出发点，做事因循"情""理""法"。

而相应地，有规矩才能成方圆，否则规矩就不起作用了。守规矩是基础，要守规矩才知道有方圆。你是否发现，方就是圆，圆就是方？圆是什么？圆就是大方，方到很大，就会变成圆。

为什么要大方呢？怎么样才是大方呢？

大方就是圆通。老子讲"大方无隅"，他的意思是说，大方到一定程度就看不到棱角了。一个人有棱角就很小气，磨砺多少年以后没有棱角了，这样也可以，那样也可以，他就圆了。

比如说一张桌子，一个角、两个角、三个角、四个角，看得到也摸得到，因为它很小——凡是看得到的有角的东西，都是很小气的。如果我们把这张桌子在心中无限放大，一个角也看不见，就变圆了。

有成绩时要感谢上司给了你机会

人性管理要由情入理，如果情绪控制不好的话，会产生很大的破坏力。

老板很相信一个员工，把重要的事情交代给他，因为成败就在此一举，老板还要派几个人跟着去。老板要亲自送他们，给他们饯行，被派出去的人，所有的困难都要想方设法克服，不完成任务不敢回来，这位老板就成功了。

现在很多老板不是这样的。老板常常是坐着发布指示："你这次去，要用心一点，如果不成功，你就提着头回来。"结果呢？派出去的人就投奔敌人去了——你不去安抚他，他也不管你。

历史上大将出征之前，皇帝都要亲自敬酒，"拜托啊，此事事关重大"。大将立誓："我如果这次没有打胜仗，绝不敢回来面见皇上。"

年羹尧是很会打胜仗的人，雍正皇帝非常高兴。一次打完胜仗归来，皇帝检阅部队时请各位将士稍息。说完一看，底下人一动不动，此时年羹尧千不该万不该地讲了一句话："他们只知道有将令，不知道有君令。"不仅是这次，年羹尧还依仗自己的功勋做了很多超越本分的事情，最后落得家破人亡。其实，单就这件事来看,皇帝给他面子,他还不知道爱惜自己。

假如我是年羹尧,皇帝说:"各位将士请稍息。"我马上接着讲:"皇上爱护各位,请稍息。"大家就稍息了,皇帝就高兴了。

这个故事的道理就是:上对下,要考虑下的情绪;下对上,也要考虑上的情绪。

领导也有情绪。功高震主,死得更快。不会有人同情你,因为你得罪的毕竟是老板。有人不解其中的道理:凭什么要感谢老板?我也曾问过很多人:"凭什么要感谢你的老板?事情是你做的,责任是你担待的,市场是你开拓的,所有一切都是你在谋划,一切都是你在做,老板应该感谢你,你还要感谢老板什么?"这个问题很多人答不出来,我的回答是:你要感谢老板给你这个机会。

很多干部说,在我千辛万苦的时候,老板对我很客气;一旦事情做好了以后,他就翻脸了,给我难看,存心叫我走。其实老板的本意就是叫你走,因为你趾高气扬不把他放眼里了。当一个人越有成就的时候,越要像麦穗一样低头,这就是谦虚——把功劳让给老板,自己就平安。

总而言之,人性管理的基本思想、原则、方法可以归纳为以下几点:第一句话,以人为本;第二句话,与时俱进;第三句话,合理调整。这三点都做到了,一切问题就解决了。身为领导,不但要牢记这三句话,还要会用,管理水平和能力就提高了。

以人为本

我们看到客户很有礼貌,看到员工就骂他、糟蹋他,这是不对的。对待员工跟对待客户一样，客户是你的命，员工也是你的命。

与时俱进

要随时调整管理策略，随时改变管理方式和态度。改到什么程度呢？改到合理的地步，只要合理，就能使企业一直发展下去。

合理调整

经过一段时间之后，合理又会变成不合理，我们就再继续调整，又逐渐合理了。所以，要逐渐地调整、改变，但不要突变。

我所提出的中国式管理学说，是在接受了西方管理学说和西方管理哲学之后，根据对中国文化要义的研究和理解以及对中国人人性的理解，提出的一种管理学说。它不仅对生长于中国文化传统当中的企业来说具有重要的借鉴意义，而且对于我们做人、做事都可以提供一些帮助。

附录 Appendix

曾仕强教授做客《名家论坛》对话"人性管理"

主持人： 观众朋友们，欢迎您收看山东教育电视台的《名家论坛》节目。今天我们演播室请到的嘉宾是来自我国台湾地区的曾仕强教授。在前面的节目当中，曾仕强教授给我们讲了很多关于中国式管理的具体问题。我想，在场的观众肯定有很多收获，但是他们也可能有一些新的疑惑。我们留了一些互动的时间，大家有什么问题可以当面向曾仕强教授请教。

观众： 曾教授您好！我是来自青岛福田公司的。您认为人性化的绩效考核方法和激励手段有哪些？谢谢！

曾仕强： 好！很好！我不赞成说一上班就工作，那是不人性化的。上班前10分钟、前15分钟不要工作，把环境整理整理，给花卉浇浇水，彼此打打招呼，寒暄一下，然后才开始工作。

管理人员急急忙忙地就让员工赶工，他怎么能快乐呢？他不快乐。主管一早上就骂人，上上下下还能做事吗？

绩效是非常忠实的。绩效做不出来，什么管理都没有用。坦率地讲，我们一定有一套考核办法。用一句话概括就是，公司要考核部门，不要去考核个人；而部门才去考核个人，这样就不会有个人英雄主义。如果公司考核个人，员工就容易直接置同人于死地，就会破坏别人，把别人的业绩抢过来。所以，我们的考核一定要对部门单位，不对个人。这个部门业绩是甲等，老板给多少奖金，里面怎么分不管，这样才会有团队精神。所以，我们整体的考核方式，不能以个人作为目标，否则不可能产生团队精神。部门单位做得好，发给奖金；部门单位做不好，个人再好也没有用。这样，每位员工就会顾虑到自己的所作所为，顾虑到自己所在的集体，而不是总想着搞个人英雄主义。

观众：曾教授您好！我近期读了一些您有关中国式管理的著作，感受很深。我有一些理解不知是否有偏差，请曾老师指导。

您的人性管理学说，我个人理解主要是方法论的问题，如何运用这个方法把管理者和员工的人性改变一下，适合一下！那么，我要考虑到怎样处理这个方法论和发展论的矛盾。人的本性是有优势、有劣势的，本性有好的、有坏的，我如何通过了解他的内心，保留他的优点、抑制他的缺点，也就是一个发展的问题。21世纪是中国式管理的世纪，它的生命力有多强？怎样把方法论和发展论有机地结合，把这个矛盾有效地化解一下呢？谢谢！

曾仕强：非常好！

主持人：这个问题本身也有一定的见地。这位朋友经过了自己的理解之后，然后又提出了新的问题。

附录 曾仕强教授做客《名家论坛》对话"人性管理"

曾仕强：第一，人性是无法改变的。自古以来，一切一切都在变，只有人性是没有变的。西方人也谈人性管理，可是他们搞不清楚什么是人性。孔子搞得很清楚，他说"性相近，习相远"！我们认为，人的不同是习惯不同，不是人性不同。不要搞错了。西方人把习惯看成人性，这是不对的。习惯跟人性有什么关系？有一次我跟外国朋友走动走动，就发现有一个标语叫作"不要随地吐痰"，又被翻成英文。无缘无故把这个翻译成英文干吗？我不理解。外国朋友看了以后就吓得不得了，他问："连吐痰都不行，都要禁止吗？"外国人可以随时吐痰，因为他没有吐在地上的习惯。人家有痰还不能吐，那还得了？外国人习惯用卫生纸吐痰，禁止人家什么？没有国际观念的人才会写这种话，让外国人困惑得不得了！我举这个例子就是说，不要去改变一个人的个性，我们要改变的是他的习惯。这是第一个要了解的！

第二，孔子从来没有讲过"性善"，也没有讲过"性恶"。孔子告诉我们，人性是可塑的！因为人性是有弹性的，可以往这边拉一点，往那边拉一点，但是无法从根本上改变。有的人拉得过来，有的人拉不过来。拉不过来就是拉不过来，不必去硬拉。比如，每一个人出去学一种本领，有人学得很好，有人一辈子都学不好。再比如说唱歌，没有好的歌喉再怎么练也唱不好；嗓音好的，随便一唱就唱得很好。一定要有这样的观念才行。孔子有两个有名的传人，一个叫孟子，一个叫荀子。孟子宣传"性善"，结果一直有肉吃；荀子讲真话，他主张"性恶"，结果被赶了出去！其实人性善与性恶的理论本质是一样的，就是可善可恶。我希望各位不要有缺点和优点的观念，那是错误的。一个人的优点正好就是他的缺点，一个人的缺点刚刚好就是他的优点。

主持人：您的意思是不是说优点也罢、缺点也罢，关键在于怎么合理地为人所用？

曾仕强：用得合理都是优点，用得不合理就是缺点。一个人身材比较瘦小，这个人多半比较听话，因为他打不过你；胳膊粗的人很壮实、比较气粗，他随时准备跟你打，他听你的才怪！所以，还有什么优缺点之分？

主持人：关键就是知人善用。要把他的特点充分地发挥出来，让特点变成优点，而不要变成缺点。

观众：曾教授，您好！假设有这么一种情况，主管的部属总是打小报告给主管的上级，甚至用匿名信。他的小报告中有些事情是无中生有，甚至是小题大做的，这种情况如何处理？

曾仕强：很好！第一，这种情况你防止不了，因为他躲在暗处。第二，你不用害怕，因为害怕丝毫不能解决问题。第三，你应该像我一样，觉得这是件好事情。没有人打小报告，上面不会注意我，我做了好事他也不知道。真金不怕火炼，我就恨不得你打我小报告，而且恨不得你给我扭曲。你把我描得越黑，上面越会派人来考察我，最后他发现我是被冤枉的，真相大白。这样，我们不用自己去表彰自己，都会给上级留下很深刻的印象。

为什么怕他打小报告？报告的情况是真的我才怕。如果不是真的有什么好怕呢？所以，人的观念一改变，什么事情都会改变。

主持人：过去有句话叫"三人成虎"。如果他总打小报告，上司会不会有些将信将疑？无风不起浪嘛！

附录 曾仕强教授做客《名家论坛》对话"人性管理"

曾仕强：如果老板是很容易相信这种打小报告的人，你就明白了。因为你给他卖命是没有用的，就要提醒自己说，马马虎虎、应付他就可以了。你如果因此而被注意，索性就同这些人周旋——不做事，磨炼自己的功夫。这些是老板造成的，不是你造成的。

主持人：一般的人如果碰到部属打自己的小报告，是会有所行动的。要不要行动？怎么行动？

曾仕强：行动是跟自己过不去。

主持人：不行动，根本不理会这些？

曾仕强：你越不理会上面越觉得奇怪，这个人怎么会不理会？你越紧张上边越觉得一定是真的，要不然怎么那么紧张？他不用派人来查了，因为你本身的表现就说明问题。考试时老师没有那么精明，谁作弊都知道，都是学生们自己告诉老师的。一打小报告你就紧张，可见是真的。那还用查吗？不用查了。被别人打小报告却无动于衷，这就很奇怪了；继续打，他还无动于衷，那就更奇怪了。上司一定派三人小组去调查，一查是个好干部，最后真相大白了。

主持人：不知道这位朋友有没有这个定力？

观众：我还有一个问题想请教一下曾老师。在企业运转当中，有这样一个很现实的问题，就是企业不大可能永远一团和气，肯定会有人跳出来，以身试法。可能是某一个规章制度触及他的利益了，或者是这个制度约束他更多一些，他可能会以身试法，故意地去违反制度。对于这种恶意地违反规定，或者是对企业造成一些比较严重的损失的人，管理人员可能会站出来唱红脸。就这个问题请教一下曾老师，这个红脸怎么唱才能既保证公司的利益，又能够给这个员工一个教训，确实保证这个员工不再犯；同时，还不至于使他太丢面子，以至于给企业造成一些负面的，比如报复这样的事情呢？

主持人：这个问题难度也挺大。

曾仕强：我不认为一团和气是好事情，那是和稀泥。我当主管，如果一个部门完全没有杂音，一团和气，我就开始怀疑了，一定是分赃很均匀才会这样。所以，我希望各位听懂我的话，我说"和气"，要马上想到"不和气"；我说到"要"，马上要想到"不要"。这才是懂《易经》的人。有阴必有阳！长期一团和气，百分之百这家公司一定会垮！我们要保留5%的不同声音，才会进步。所以，我始终不认为，不同的意见是挑战，在我看来，不同的意见是好事情。古代还有人专门请人来骂自己，还要花钱请人来骂，才会长进嘛！

主持人：就像前面讲的案例，不能让青蛙在温水里。经常会出乱子的员工可能就是感觉到水温已经很热，他跳出来是为了让你保持警觉的，但是这个人是要处理的。

曾仕强：管理人员必须有雅量——你有意见尽管说，我不在乎。而且要成立一个小组去研究他的意见能不能融进来，可以的话，我们进行企业制度的调整——企业制度必须不断地调整，不然就僵化了、老化了、过时了。

主持人：不管是一个多么无理的人，都要分析他是否有合理的成分。如果这个员工确实是一个无理的人，而你又真的想处理他，还不希望给公司造成后患，怎么办呢？

附录 曾仕强教授做客《名家论坛》对话"人性管理"

曾仕强： 以我的经验看，基本上我还没有发现有人是成心和企业作对的。换句话说，你看他这样，他才这样；你不看他这样，他就不这样。有人骂你，你就觉得他很凶，你如果对他说，他讲得有道理，他的态度马上就缓和下来。两个人不争执就吵不起来，他凶，你比他更凶，结果就吵起来了。员工对我凶，我还是很客气，他就慢慢地缓和下来，我更客气一些，他再缓和一些，一切问题就很好谈了。你凶，我比你更凶，大家就一起凶了。对方的情况往往都是我们造成的。

主持人： 曾教授永远不会直接出拳的，他总是用这种太极拳的方式把对方的力量消化掉。

观众： 曾教授，您好！请教您一个理论问题。在您的学说里反复提到，企业存在的目的不是为了赚钱。我赞成您的观点。在19世纪，共产主义思想的鼻祖马克思在《资本论》里对当时资本主义的"一切钻到钱眼里"的社会现象，作了严肃、尖锐的批驳，并指出，资本家为了100%的利润，能杀人；为了300%的利润，可以自杀。但是，让我困惑的是，现在在我们中国的管理类教科书里面，或者在绝大多数企业管理的宗旨里，把企业或企业的根本目的定位在争取利润的最大化上。请您解释一下这种矛盾。

曾仕强： 现在新出版的美国著作，没有人再讲科学管理，都叫作管理科学。现在的管理科学被叫作 Manage Science，因为美国人已经知道科学是管理不了什么东西的。

主持人： 企业要追求利润的最大化吗？

曾仕强： 钱是很重要的，但是，它永远不是唯一重要的东西。一家企业有几个功能，企业的英文叫作enterprise，enterprise含有冒险的意思，开创、冒险，是有风险性的。一家高科技企业要保证赚钱，那是不可能的事情；一家高科技公司先期亏损六七百万元，那是很正常的事情。如果你要求它只能赚钱，就没有办法做了；只做那些可以赚钱的东西，这家企业永远兴旺不起来。

有些中国人说："你跟我一起投资，我保准你赚钱。"这些话都是骗人的。任何企业都有它的风险性，今天之所以不亏本，是因为有政府在支持。真正处在自由竞争的环境中，没有几家企业起得来，这才是真相。不要错误地以为你已经处于竞争状态，你是优胜者。我看到的太多了！银行一发现企业的资金周转不灵，马上抽紧银根，所有股东连夜向企业催债，企业就走投无路了。enterprise就是相当的风险性，如果企业好搞，所有人都去搞企业了，谁还愿意教书？

主持人：如果企业以追求利润最大化作为自己的目标会导致一些问题的话……

曾仕强：问题很多。

主持人：以什么作为企业的目标才是正确的呢？

曾仕强：我们的企业为什么会存在？以发达国家为例。日本没有一家公司不去追究、不去宣传公司为什么会存在的问题，但是没有一家说是为了赚钱而存在。松下电器认为，他们是为了给社会提供一个很健全、很安全的电器产品而存在的。所宣传的是服务，而不是赚钱。美国也没有一家公司说它是为赚钱而存在的。

附录　曾仕强教授做客《名家论坛》对话"人性管理"

企业是为了服务大众而存在的，这不是讲好听的话。因为只有这样，你才会得到社会的永恒认可。企业必须要尽到社会责任，只要没有尽到社会责任，就不可能存在。

主持人：这些话是说给社会听的？

曾仕强：不是。

主持人：那就是给企业的员工听的？

曾仕强：这些话既不是说给社会听的，也不是说给企业的员工听的，它们一定要被内化成为企业真正的理念，你的努力才会成功，否则不可能成功。这绝不是说好听的！我要说明一点：凡是贴在墙壁上的都没有用，凡是喊口号都没有用；一定要牢记在心里，的的确确为服务社会，才能成为一家成功的企业。

主持人：所以，每一家企业的成功之处，在于找到了服务社会的不同途径。

曾仕强：换言之，只有你找到了为社会提供服务的途径，才能养活自己。

观众：我向曾教授请教。现在中国企业的形式基本上有两大类：第一类是国有的，第二类是民营的。您认为在两类企业里面，国有企业老板的管理模式比较好，或者说做到了人性化管理，还是民营企业老板的管理模式比较好？如果说是国有的比较好，那么国有企业又是改制、又是破产，企业员工的利益得不到保障；如果说民营企业做到了人性管理，您又说企业存在周期只有2～7年，而且符合这种周期的多数是民营企业。您怎样看待国有企业和民营企业的问题？

曾仕强：我不认为国有企业都是不好的。我坦率地讲，民营企业在很多行业根本没有办法去做，民营企业有本事搞个钢厂试试！资金需要非常庞大，民营企业有多大的本事去搞呢？只有国有企业才能搞得下来。你说自己有本事，好，搞个石油厂、炼油厂！恐怕连油都找不到！该国有搞的行业要让国有去搞，该民营办的行业让民营去办。而且，我主张凡是资金需要很庞大、冒险性很大、跟资源有密切关系的行业，要先让国有企业去办，搞好了，再开放一部分给民营企业。国家要带头，老百姓做不了的事情由国家来做，老百姓做得了的，国家不要做。

主持人：就现在国有企业和民营企业比较起来，哪一类企业实行人性化管理的成分更多一些呢？

曾仕强：中国并不完全到处都一样。国家太大，一定要一步一步走才稳健。所以，有些省有公文才办事，有些省只要没有规定"不许做"，就敢做，这是不一样的。

主持人：就民营企业的情况来说，如果民营企业能够运用人性化管理的方式，它能够逃脱2~7年的周期厄运吗？

曾仕强：其实，我看出来各地经济发展不一样。浙江地区就比较平静，贫富不悬殊，温州几乎每个人都有一家企业；可是，广东的贫富悬殊；山西就更悬殊了，有钱的很有钱，没有钱的穷得要命。这是完全不一样的经济。同样在浙江，杭州人与温州人相比就完全不一样。杭州人的企业发展因为有西湖在那里，比较富裕，步调就比较慢，比较不积极；温州人因为当年自己那里很穷，所以每一个人都动脑筋发展企业，温州人5分钟就买一栋房子，先生去上班，太太就组成一个炒房团全世界去炒。所以，企业的生命周期不能一概而论。

主持人：不管任何一种管理方式，不同的人来运用，熟练程度不同，制约因素也有很多。所以，不是说只要实行人性化管理，就能全面解决问题。

曾仕强：我把全国的企业基本考察下来，比较尊重人性的领导者，他的企业发展得比较顺利一点，因为事在人为嘛！如果采取比较强制性的方式，底下人做事就只是应付。

主持人：所以，人性管理的理念在于，不仅仅号称实施了人性管理，还要真正得到人性管理的精髓并熟练地去运用，并且能够权衡不同情况去不同地对待。

非常感谢曾教授给我们讲了这么长时间，也感谢各位的提问和双方的交流，让我们对人性化管理有了更深入和更全面的了解。谢谢大家！

（根据音像资料整理——编者注）